PIECES
DE
THÉATRE
de M. HOUDAR DE LA MOTHE,

De l'Académie Françoise.

A PARIS,
Chez la Veuve DUCHESNE, Libraire, rue Saint Jacques, au-dessous de la Fontaine Saint Benoit, au Temple du Goût.

―――――――――

M. DCC. LXV.
AVEC APPROBATION ET PRIVILEGE.

TABLE

Des Piéces contenues dans ce Volume.

LES MACHABÉES, Tragédie.
ROMULUS, Tragédie.
INÉS DE CASTRO, Tragédie.
ŒDIPE, Tragédie.
LE MAGNIFIQUE, Comédie.

LES MACHABÉES,

TRAGÉDIE

DE M. DUCHÉ,

De l'Académie Françoise;

Représentée pour la premiere fois par les Comédiens ordinaires du Roi, le 6 Mars 1721.

PERSONNAGES.

ANTIOCHUS, Roi de Syrie.
SALMONÉE, Mere des Machabées.
ANTIGONE, Favorite d'Antiochus.
MISAEL, dernier Fils de Salmonée.
THARÉS, Confidente de Salmonée.
CEPHISE, Confidente d'Antigone.
BARSÉS, Capitaine des Gardes.
HIDASPE, autre Capitaine des Gardes.
ARSACE, Officier d'Antiochus.
GARDES.

La Scène est à Antioche, dans le Palais d'Antiochus.

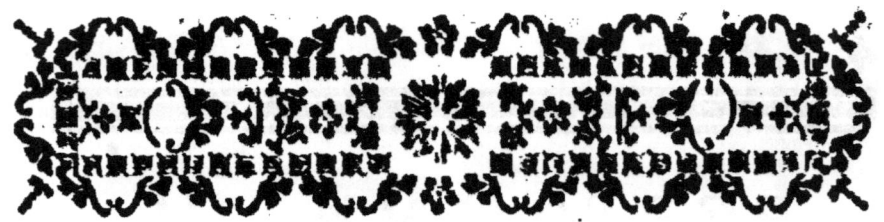

LES MACHABÉES,
TRAGÉDIE.

ACTE PREMIER.

SCENE PREMIERE.
ANTIOCHUS, SALMONÉE, THARÉS, BARSÉS, GARDES.

ANTIOCHUS.

GARDES, exécutez l'ordre que je vous donne :
Et vous, Barsès, allez avertir Antigone :
Faites à l'échafaud conduire ces Hébreux.
Nos Dieux vont recevoir ou leur sang ou leurs vœux.

A 3

SCENE II.
ANTIOCHUS, SALMONÉE, THARÈS.

ANTIOCHUS.

Oui, oui, de l'Univers je ferai disparoître
Cette Religion que l'Erreur a fait naître,
Et qui couronne encor ses superstitions
De l'insolent mépris des autres Nations.
Je lui jure, Madame, une éternelle guerre :
D'un reste d'insensés je purgerai la terre.
S'il n'adore nos Dieux, tout Hébreu périra.

SALMONÉE.

Eh bien ! nous périrons, & Dieu nous vengera.

ANTIOCHUS.

De quoi vous flattez-vous ? & de quelle vengeance
Votre esprit aveuglé repait son espérance ?
N'ai-je pas de son Temple exilé votre Dieu ?
Dans l'Univers entier lui reste-t-il un lieu
Où vous puissiez encor, lui portant votre offrande,
Le presser, le prier, qu'au moins il se défende ?
Songez à vous : lui-même est dans l'oppression.
Jupiter désormais est le Dieu de Sion :
Et c'est sur vos Autels que notre culte expie
Des Prêtres de Juda le sacrifice impie.
Vous n'avez plus de loix. Vos oracles proscrits
Ont subi dans les feux la rigueur des Édits.
Quand d'un affreux revers vous devenez l'exemple,
Vils esclaves, sans loix, sans Autels & sans Temple,

TRAGÉDIE.

Au comble de misere où le Juif est réduit,
Réclamez-vous encor un Dieu que j'ai détruit?

SALMONÉE.

Ne te fatigue pas à raconter tes crimes:
Qui les sait mieux que nous, qui sommes tes victimes?
L'esclavage, la mort, l'incendie & l'horreur
Ont sur Jérusalem épuisé ta fureur.
De trente mille Juifs l'effroyable carnage
Servit, en un seul jour, de tribut à ta rage;
L'abominable Idole est sur l'Autel sacré.
En as-tu chassé Dieu? Non; Dieu te l'a livré.
Ce qu'il n'eût pas voulu, quel bras eût pu le faire?
S'il nous eût protégés, que servoit ta colere?
Il pouvoit nous sauver aux portes du trépas,
D'un souffle de sa bouche abattre tes soldats;
D'Héliodore en toi renouveller l'exemple,
Et la verge à la main, te chasser de son Temple.

ANTIOCHUS.

Ainsi vantant toujours cent prodiges divers,
Vous croyez effrayer le crédule Univers:
Mais désabusez-vous, fanatiques coupables.
J'ai vaincu: mon triomphe a dissipé vos fables.

SALMONÉE.

Non, tu n'as pas vaincu; mais nous avons péché.
Sous ta propre fureur le Seigneur s'est caché:
C'est lui qui, pour punir des enfans indociles,
Embrase par tes mains ses Autels & nos Villes:
Et las de nos mépris, c'est lui qui par ta voix
Aux prévaricateurs redemande ses Loix.
Nos Prophetes nous ont annoncé nos disgraces.
Le tonnerre vengeur confirmoit leurs menaces.
Nous avons vu vingt fois au milieu des éclairs,
Des combats obstinés ensanglanter les airs.

Sache que ton courroux, orgueilleux de nous nuire,
Sert malgré toi le Dieu que tu penses détruire.
Ne crois pas cependant qu'à jamais condamné,
Ce peuple à ton courroux soit tout abandonné.
Si tu vois succomber au poids de nos miseres
De lâches déserteurs de la Loi de leurs peres,
Ces Juifs n'étoient point Juifs ; & l'Ange de Sion
Entre les noms élus ne comptoit plus leur nom.
Leurs prieres n'étoient que de vaines paroles
Qui profanoient le Temple autant que tes Idoles ;
Et malgré tes succès, ta fureur aujourd'hui
Ne lui prend que des cœurs qui n'étoient plus à lui.
Il reste encor des Saints contre tes injustices ;
En vain pour les domter tu t'armes de supplices.
Les échafauds dressés te rendent-ils plus fort ?
Crois-tu donc affoiblir Dieu même par leur mort ?
Tu crois les lui ravir ; Tyran, tu les lui donnes.
Tu penses te venger ; Tyran, tu les couronnes.
Mais au terme fatal prescrit par tes rigueurs,
Il en réservera qui seront nos vengeurs.

ANTIOCHUS.

Je le défie encor de tromper ma colere.
Vous, du moins, frémissez ; & si vous êtes mere,
Pleurez de vos enfans le trépas assuré,
Si dans ce même instant Jupiter adoré....

SALMONÉE.

Arrête ; ils périront. Épargne-moi ce doute.
Il est le seul affront que ma race redoute.
Eh ! ne connois-tu pas le cœur des vrais Hébreux ?
Rappelle Éléazar, ce vieillard généreux,
Qui pouvant échapper, & bravant toute crainte,
Dans les bras de la mort s'est sauvé de la feinte.
Tu l'as sacrifié ; mes enfans le suivront.

TRAGÉDIE.

Ils ont reçu l'exemple ; eux-mêmes le rendront.
Je te livre mon sang, cruel, va le répandre.
Il criera contre toi. Dieu daignera l'entendre ;
Et le jour du Seigneur ne s'éloignera plus.

ANTIOCHUS.

Eh bien ! c'est aujourd'hui le jour d'Antiochus.
Je vais de vos enfans ordonner le supplice.

SALMONÉE.

Ah ! comble tes bienfaits ; qu'avec eux je périsse.

ANTIOCHUS.

Exalez à loisir ce généreux transport.
Gardes, retenez-la. Vous apprendrez leur sort.

SCENE III.
SALMONÉE, THARÉS.

SALMONÉE.

Hélas! dans quel état me laisse le barbare!
Quel trouble douloureux de mon ame s'empare!
Mes enfans vont mourir au milieu des tourmens.
Pour une mere, ô ciel! quels horribles momens!
Mon cœur se sent percé des plus rudes atteintes.
Je souffre tous les maux que m'annoncent mes craintes.
On me les cache en vain ; je les vois déchirer.
Sous les coups des bourreaux je les vois expirer ;
Et pour m'en présenter la plus affreuse image,
Mon amour frémissant va plus loin que leur rage.
Seigneur, quand Abraham à tes ordres soumis,
Préparoit le bûcher pour t'immoler son fils ;
Et que le fer levé sur la tendre victime,
T'offroit de son sang le tribut légitime,
D'un tel frémissement le vis-tu s'émouvoir ?
A la nature en lui laissas-tu son pouvoir ?
Et d'un semblable amour sentant la violence,
Mourroit-il, comme moi, de son obéissance ?

THARÉS.

De vos maux, avec vous, je ressens la rigueur.
Mais il vous reste encor l'espérance au Seigneur.
Peut-être ce qu'il fit pour Abraham fidelle....

SALMONÉE.

A quel injuste espoir ta pitié me rappelle!

Non, non. J'obéis mieux. Je ne demande pas
Que Dieu déploie ici la force de son bras.
Mon cœur à ses décrets n'apporte point d'obstacle,
Et croiroit l'offenser par l'espoir d'un miracle.
Je n'ose même encor souhaiter que sa main
Verse moins d'amertume & de trouble en mon sein.
Plus je crains pour mes fils, plus je me sens leur mere,
Et plus je l'intéresse à devenir leur pere.
Il est juste, Tharès, qu'à force de souffrir,
J'obtienne que leur Dieu leur apprenne à mourir.
Es-tu content, Seigneur ? J'accepte mon martyre.
La mort de mes enfans me perce, me déchire :
Ce que jamais pour eux j'ai ressenti d'amour,
Je le sens redoubler, quand ils perdent le jour :
Mais sans en murmurer, je subis ces allarmes,
Et ma fidélité t'offre toutes mes larmes.

THARÈS.

Il falloit au Tyran laisser voir ces douleurs,
Madame ; vous l'auriez désarmé par vos pleurs ;
Et l'ame à la pitié la plus inaccessible
N'eût pu voir tant de maux sans devenir sensible :
Mais vous l'aigrissiez, lui, qu'il falloit attendrir.
Moi que vous pénétrez, puis-je vous secourir ?

SALMONÉE.

J'ai dû devant le Roi vaincre ce trouble extrême ;
Et je ne songe pas à t'attendrir toi-même.
Je ne veux qu'un témoin du trouble de mon cœur ;
Et je ne pleure ici que devant le Seigneur.
Mais ce n'est point en vain, & je sens sa présence ;
Il chasse de mon ame un effroi qui l'offense.
A peine devant toi mon cœur a-t-il gémi,
D'un seul de tes regards je le sens rafermi,
Dieu puissant ; désormais plus ferme & plus docile,

A 6

Sur la mort de mes fils je porte un œil tranquille ;
Et mon zele enflammé, consumant ma douleur,
Ne voit plus dans leurs maux que ta gloire & la leur.
Frappez, bourreaux, frappez. Sous les plus rudes
   gênes
Faites couler ce sang qu'on puisa dans mes veines.
Au gré d'Antiochus massacrez mes enfans.
Au sortir de vos mains je les vois triomphans,
Voler au sein du Dieu, l'Auteur de leur constance,
D'un torrent de plaisirs goûter la récompense.
Plus vous serez cruels ; plus ils seront heureux.
Eh ! quels amis jamais feroient autant pour eux ?

THARÉS.

Quel changement, ô ciel ! Madame, est-ce vous-
   même ?
De quel abattement naît ce courage extrême,
C'est un cœur tout nouveau formé dans votre sein.
Vos yeux n'ont plus de pleurs, votre front est serein.
Vous offrez, sans frémir, les plus cheres victimes.
Heureuse, si vos fils sont aussi magnanimes !

SALMONÉE.

Non, je ne crains rien d'eux ; je réponds de leur foi.
Je les connois, Tharès ; ils sont dignes de moi.
Le Dieu qui reçut d'eux le plus constant hommage,
Est, sans doute, aujourd'hui leur force & leur cou-
   rage.
Ses yeux ne sont-ils pas ouverts sur Israël ?
Le dirai-je, pourtant ; le jeune Misaël,
Le dernier de mes fils, trouble encore mon ame.
J'ai vu son cœur brûlant d'une coupable flâme ;
D'un amour qu'il combat il est toujours rempli ;
Et s'il n'est pas vaincu, du moins, est affoibli.
Quand Apollonius, dans Sion allarmée,
Du superbe Tyran vint établir l'armée ;

TRAGÉDIE. 13

Qu'au nom d'Antiochus, vengeur des Nations,
Il donna le signal de nos proscriptions,
Misaël vit souvent Antigone, sa fille,
Digne d'un autre peuple & d'une autre famille.
Il vouloit pour les Juifs obtenir sa pitié ;
Par elle, des tyrans vaincre l'inimitié.
Il ne suivoit alors d'intérêts que les nôtres :
Mais il pensa se perdre en priant pour les autres.
Antigone brillant de vertus & d'appas,
Fit sur lui des progrès qu'il n'appercevoit pas.
Il les connut enfin ; & pour mieux s'en défendre,
Son amitié naïve osa me les apprendre.
Je lui répresentai les loix de son devoir.
Malgré nos intérêts, il cessa de la voir.
Pour étouffer des feux dont notre Loi s'offense,
Lui-même il s'imposa la plus sévere absence ;
Et son cœur, dont je dois encore me louer,
Du moins, en les sentant, sût les désavouer.
Mais, ma chere Tharès, il faut ne te rien feindre,
Pour lui plus que jamais tout est encor à craindre.
Cette même Antigone est près d'Antiochus ;
Les secrets du Tyran dans son sein sont reçus.
Il la laisse après lui maitresse de l'Empire.
Misaël l'a revue, hélas! sans me le dire!
C'est pour nos intérêts, dit-il ; mais que je crains
Qu'il ne donne ce nom à des feux mal éteints.
Que je crains cet amour dont le conseil perfide,
Au plus doux (*) de nos Rois inspira l'homicide ;
Et qui plus loin encore étendant son poison,
Du sein de la sagesse arracha Salomon.
Ah! mon cher Misaël, contre de telles flâmes
Te défendras-tu mieux que de si grandes ames!

(*) *David.*

SCENE IV.

MISAEL, SALMONÉE, THARÉS.

MISAEL.

AH ! ma Mere, l'effroi glace encore mes sens.
Sous les coups des bourreaux, eux-mêmes frémissans,
Je viens en ce moment de voir périr mes freres.
Vous êtes désormais la plus triste des meres.
Vous n'avez plus que moi ; ces enfans si chéris...

SALMONÉE.

Ils sont morts ! Pourquoi donc vous revois-je, mon fils ?

MISAEL.

Ne tremblez pas, ma Mere ; une foiblesse impie
Ne m'a point fait encore un crime de ma vie.
Je ne sais point trahir aux yeux de l'Univers
La mere dont je sors, ni le Dieu que je sers.
J'ai demandé la mort. Ma priere empressée
Ne la peut obtenir de la rage lassée.
Le Tyran veut laisser reposer son courroux ;
Et je reviens pleurer mes freres avec vous.

SALMONÉE.

Les pleurer ! Non, mon Fils, ne souillons point de larmes
Une mort où ma foi me fait voir tant de charmes.

TRAGÉDIE.

Je n'ai craint que pour toi, mon Fils ; à ton aspect
Tout mon cœur a frémi de ce retour suspect.
Que mes embrassemens réparent cette crainte ;
Et loin de nous livrer à l'infidelle plainte,
Parle ; raconte-moi, pour consoler mon cœur,
Dans la mort de mes fils la gloire du Seigneur.

MISAEL.

Leur mort est un triomphe ; & nos saintes Annales
N'ont jamais célébré de victoires égales.
Par l'horreur des tourmens, loin qu'ils fussent vaincus,
Leur intrépidité troubloit Antiochus.
Des supplices nouveaux renaissoit leur courage.
Oui, Madame, leur joie humilioit sa rage ;
Et le Tyran confus, même en donnant ses loix,
Paroissoit un esclave, & mes freres des Rois.

SALMONÉE.

Grand Dieu! tels sont les cœurs que ta bonté protége.

MISAEL.

Aux portes du Palais un Autel sacrilége
Pour les Dieux des Gentils fumoit d'un fol encens.
De la mort près de-là les apprêts menaçans,
D'un échafaud dressé couvroient presque l'espace ;
Et mes freres, & moi, nous occupions la place
Qui s'éparoit de nous l'échafaud & l'Autel.
Là, nos ardens desirs hâtoient le coup mortel.
Antiochus paroit. Antigone à sa suite
Frémissoit du spectacle où l'on l'avoit conduite.
Voilà, nous a-t-il dit, la vie & le trépas,
Vous n'avez qu'à choisir. Nous ne choisissons pas,
Crions-nous : dès long-tems résolus au supplice,
Voilà, voilà l'Autel de notre sacrifice ;

Et de la même ardeur enflammés aussi-tôt,
Nous voulions à l'envi monter à l'échafaud.
Arrêtez. Laissez-moi, dit l'aîné de mes freres,
M'immoler le premier pour le Dieu de mes peres.
Cet honneur m'appartient, & c'est l'unique fois
Que sur vous mon aînesse a réclamé ses droits.
Nous avons obéi, Madame ; & son courage
Méritoit ce respect encor plus que son âge.
Ce Héros à l'instant se jette dans les mains
Qu'armoient contre ses jours cent tourmens inhumains.
Tout son sang a jailli sous les verges cruelles.
Ils essayoient sur lui des tortures nouvelles.
Ses membres par le fer tour-à-tour déchirés,
Sont aussi par le feu tour-à-tour dévorés.
Ses yeux mêmes, ses yeux, qu'au Seigneur il éleve,
Arrachés & brûlans... Vous frémissez!...

SALMONÉE.

Acheve.

MISAEL.

Il meurt de ce supplice ; & soudain à l'envi,
Non moins dignes de Dieu, les autres l'ont suivi.
Figurez-vous toujours la même violence,
Et les mêmes tourmens & la même constance.
Voyez-les au milieu de leurs maux effrayans
Lancer encore au Roi des discours foudroyans,
Insulter saintement, à son orgueil farouche ;
L'Éternel avoit mis son esprit dans leur bouche ;
Et leur voix prophétique, organe du Seigneur,
Accabloit le Tyran d'un avenir vengeur.
L'orgueilleux frémissoit ; & sa colere aigrie
De ses bourreaux trop lents irritoit la furie.

TRAGÉDIE.

Antigone, au contraire, en ces affreux momens,
Sembloit par sa pitié sentir tous les tourmens.
Et d'un torrent de pleurs exprimant ses allarmes....

SALMONÉE.

Eh! de quel œil, mon Fils, avez-vous vu ces larmes?

MISAEL.

Que me demandez-vous? Par quel trouble indiscret
Ai-je pu m'attirer ce reproche secret?
Malgré tout mon amour & des larmes si cheres,
Je n'ai connu que Dieu, mon devoir & mes freres.

SCENE V.

MISAEL, SALMONÉE, THARÉS, BARSÉS.

BARSÉS.

Suivez-moi, Misaël: le Roi veut vous parler.

SALMONÉE.

Allons, mon Fils.

BARSÉS.

Madame, où voulez-vous aller?

SALMONÉE.

Je veux suivre mon Fils, craint-on que je n'entende...

18 LES MACHABÉES,

BARSÈS.

Madame, c'est lui seul qu'Antiochus demande.

SALMONÉE.

Que médite-t-il donc ? Et quels piéges couverts...

(A son fils.)

Va ; mais, en lui parlant, songe au Dieu que tu sers.

Fin du premier Acte.

ACTE II.

SCENE PREMIERE.
ANTIGONE, CEPHISE.

ANTIGONE.

Oui, Cephise, c'est moi qui de larmes baignée
Ai suspendu du Roi la vengeance indignée.
Trop sensible témoin de la mort des Hébreux,
Cent fois j'ai cru mourir avec ces malheureux ;
Et succombant, sans doute, à tant de barbarie,
La mort de Misaël eût emporté ma vie.

CEPHISE.

Qu'espérez-vous pour lui de ce retardement ?

ANTIGONE.

Il vit ; & je connois tout le prix d'un moment.
Oui, Cephise, crois-en la pitié qui me presse,
Je saurai bien user des instans qu'on nous laisse.

CEPHISE.

Mais, Madame, après tout, quel si grand intérêt...

ANTIGONE.

Je vais t'ouvrir mon cœur, connois tout ce qu'il est.
Apprends combien les maux où mon ame est plongée
Ont vengé les malheurs de Sion saccagée.
Tu ne me suivis point, quand Apollonius
Vint charger les Hébreux des fers d'Antiochus.

C'est-là que Misaël, touché de leur misere,
Vint souvent implorer mon pouvoir sur mon pere.
J'admirois pour les Juifs son zele généreux.
Il paroissoit charmé de ma pitié pour eux.
Chaque jour dans mon sein il déposoit ses peines,
Nous cherchions les moyens de soulager leurs chaî-
　　　nes ;
Et de cette pitié, Cephise, chaque jour
Naissoit, en se voilant, le plus ardent amour.
L'Hébreu me l'avoua : mais, hélas ! le dirai-je !
Frémissant de m'aimer, comme d'un sacrilége,
S'excusant à la fois, en m'apprenant son feu,
Au Dieu de son amour, à moi de son aveu ;
Tandis que de l'aveu paroissant offensée,
Son seul remords, Cephise, occupoit ma pensée ;
Et qu'en secret mon cœur ne pût lui pardonner
Que pour moi tout le sien n'osât s'abandonner.
Il ne me revit plus. Ma tendre impatience,
S'allarma des raisons d'une si triste absence.
Je doutois s'il fuyoit le danger de me voir,
Ou si mes yeux sur lui n'avoient plus de pouvoir ;
Et m'occupant toujours de cette incertitude,
De ce trouble éternel la vive inquiétude
Me rendoit plus présent l'Amant qui me fuyoit,
Et peut-être plus cher l'ingrat qui m'oublioit.
Tu vois à quel amour Antigone asservie....

CEPHISE.

Je vois que cet amour vous coûtera la vie.

ANTIGONE.

Apprends tout. Mon dépit se voulut informer
D'un culte dont les Loix défendoient de m'aimer.
De ce peuple proscrit je suivis les Annales.
Non, Cephise, il n'est point de Nations égales.
Je vis, je te l'avoue, avec étonnement,
Leur naissance, leur gloire & leur abaissement.

TRAGÉDIE.

Affranchis par leur Dieu d'un cruel esclavage,
Les flots obéïssans leurs ouvrent un passage :
La Nature pour eux ne connoit plus ses Loix :
Le Soleil arrêté se prête à leurs exploits.
A leur approche seule, au son de leurs trompettes
Les murs sont renversés, les troupes sont défaites ;
Les plus profondes eaux ne les arrêtent pas ;
Et le foudre vengeur marche devant leurs pas :
Tous leurs jours sont marqués de conquêtes nouvelles.
Leur Dieu les guide ainsi tant qu'ils lui sont fidelles.
Violent-ils ses Loix ? Captifs, infortunés,
Au joug des Nations ils sont abandonnés ;
Sous la main de leur Dieu ces coupables gémissent ;
Leur oracle se tait ; les prodiges finissent ;
Mais c'en est un encor que leur abaissement :
Ce n'est point un revers, ce n'est qu'un châtiment.
Leur Dieu qui l'a prédit, accomplit sa menace.
La victoire revient dès qu'il leur a fait grace.

CEPHISE.

Qu'entends-je ! Êtes-vous née au milieu d'Israël ?

ANTIGONE.

Voilà, voilà le Dieu qu'adore Misaël.
J'adore encor les miens. Tant de faits admirables
Peut-être ne sont-ils que de brillantes fables :
Mais fable ou non, Cephise, ils offrent à nos yeux
Un Dieu plus vénérable & plus saint que nos Dieux.
J'encense leurs Autels ; contens de cet hommage,
Leur commode pouvoir n'en veut pas davantage ;
Ils nous laissent nos cœurs : mais le Dieu des Hébreux
Veut le cœur de son peuple, ou rejette ses vœux.

CEPHISE.

Madame, & si le Roi découvroit tout ce zele....

ANTIGONE.

Depuis qu'à ses regrets Antiochus m'appelle,
Qu'après la mort d'un pere attaché à sa Cour,
Sa tendresse pour moi redouble chaque jour,
Ce que mes yeux sur lui me donnent de puissance,
Pour les malheureux Juifs tente son indulgence.
Je cherche en le flattant à fléchir son courroux ;
Et je crois secourir Misaël en eux tous.
Il m'a revue ici. Ses pleurs m'ont pénétrée.
Je voyois en lui seul sa patrie éplorée.
Il ne m'a point parlé de ses feux : mais, hélas !
J'ai vu ce qu'il souffroit à ne m'en parler pas.
Il m'aime encor, Cephise ; il est toujours le même ;
Et je viens de t'apprendre à quel excès je l'aime.
Conçois-tu mon état ? & de quelle douleur
Les apprêts de sa mort ont dû percer mon cœur ?
J'ai cru le voir mourir dans chacun de ses freres.
Il alloit suivre enfin des victimes si cheres.
Je ne sais point quel Dieu m'a soutenue alors :
Mais un reste d'espoir redoublant mes efforts,
Du fier Antiochus l'ame s'est attendrie ;
Et Misaël & moi nous obtenons la vie.

CEPHISE.

Par quel charme avez-vous de ce tigre irrité....

ANTIGONE.

Connois d'Antiochus quelle est la cruauté.
Cephise, son orgueil fait seul toute sa rage.
Ne lui crois point un cœur affamé de carnage,
Qui de la soif du sang se sente dévorer,
Et qui n'ait de plaisir qu'à s'en désaltérer.
Souvent des malheureux il ressent la disgrace.
La pitié dans son cœur trouve encore sa place.
Tu sais qu'il a pleuré le Grand-Prêtre Onias.
Sur le traître Andronic il vengea son trépas :

TRAGÉDIE.

Mais superbe & toujours ivre de sa puissance,
Son orgueil ne sauroit souffrir de résistance:
Il veut être obéi, quoiqu'il puisse coûter;
Et le sang à ce prix ne peut l'épouvanter.
C'est par-là que j'ai sû désarmer sa colere.
Dans l'espoir de mieux vaincre, il devient moins sévere.
Il veut sur Misaël essayer les bienfaits.
Je ne te dirai point ce que je m'en promets:
Mais je tenterai tout...

CEPHISE.
Le Roi paroît.

ANTIGONE.
Je tremble.

CEPHISE.
Misaël l'accompagne; ils s'approchent ensemble.

SCENE II.

ANTIOCHUS, MISAEL, ANTIGONE, CEPHISE.

ANTIOCHUS.

Madame, demeurez ; & jugez aujourd'hui
De ce que ma bonté veut bien faire pour lui.
Chaque jour vous apprend le pouvoir de vos char-
  mes.
Je n'ai pû refuser sa grace à vos allarmes.
Vous vouliez qu'il vécût : il voit encor le jour ;
Et sa vertu le sauve autant que mon amour.
Oui, mon cher Misaël, tes graces, ta jeunesse
Ont jetté dans mon cœur la plus vive tendresse ;
Et de ta fermeté plaignant l'illusion,
Elle a pourtant saisi mon admiration.
Je n'ai pû sous le fer voir tomber l'espérance
Du destin glorieux que promet ta constance.
Rempli de cet espoir qu'il faut justifier,
Ton Prince à ses faveurs veut bien t'associer.
Quand je fais tant pour toi, songe à me satisfaire ;
Et pour des biens certains immole une chimere.

MISAEL.

De ces bontés, Seigneur, moins flatté que surpris,
Je pourrois les payer par de nouveaux mépris.
Si vous m'avez cru ferme, avez-vous donc pû croire
Que tant de cruauté sortît de ma mémoire ?
Après mes Freres morts pensez-vous que mon cœur
Pût à votre pitié se prêter sans horreur ?

Je

TRAGÉDIE.

Je m'y prête, pourtant, si je le puis sans crime.
Je vous accorde même un oubli magnanime.
Ce sacrifice affreux que j'ai frémi de voir,
Dans mon ame n'a point porté le désespoir.
Ne vous figurez pas que, regrettant leur vie,
Je brûle de venger un trépas que j'envie.
Mes freres sont heureux ; & c'est à vous, Seigneur,
Qu'ils doivent maintenant leur gloire & leur bonheur.
Mais ce qui seul en vous doit exciter ma haine,
C'est contre l'Éternel cette audace inhumaine,
Qui par l'impiété signale chaque instant,
Et s'obstine à vous perdre en le persécutant.

ANTIOCHUS.

Oublie un Dieu sans force, un Dieu qui t'abandonne,
Et satisfais un Roi qui sauve & qui pardonne.
Songes-y, Misaël. Sans m'offenser toujours,
Tu peux à mes bontés laisser un libre cours.
Par un bizarre orgueil ne va point te défendre
Des bienfaits qui, sur toi, cherchent à se répandre.
Élevé sur tous ceux que j'ai le plus chéris,
Seul tu me tiendras lieu de tous mes favoris.
Point de rang, point d'honneur qu'un peu d'encens n'obtienne ;
Et pour tant d'amitié je ne veux que la tienne.

MISAEL.

Mon amitié n'est rien, Seigneur ; & je ne puis
Auprès d'Antiochus oublier qui je suis.
Je me vois dans vos fers ; & quoique mon audace
Pût ici s'appuyer d'une Royale race,

B

Malgré le sang auguste où j'ai puisé le mien,
Je le redis encor, mon amitié n'est rien.
Telle qu'elle est pourtant, voudrez-vous me permettre
De vous dire à quel prix je dois encor la mettre ?
Redonnez à Sion toute sa sainteté.
Que l'Autel par vos Dieux ne soit plus habité.
Que le séjour de Dieu, le sacré Sanctuaire,
De vos Prêtres impurs ne soit plus le repaire.
N'y laissez plus régner ces festins dissolus,
Consacrés parmi vous au Temple de Vénus ;
Et que Jérusalem ne soit plus le théâtre
De toutes les horreurs qu'inventa l'Idolâtre.
Laissez-nous rétablir nos remparts abattus :
Protégez-nous enfin comme l'a fait Cyrus,
Ou laissez-nous en paix, du moins, comme Alexandre.
A ces grands noms, Seigneur, vous devriez vous rendre.
Sous vos Loix, s'il le faut, retenez notre État ;
Mais au culte de Dieu rendez tout son éclat ;
Et qu'à ses saints Autels nos Tribus réunies
Jouïssent sans effroi de leurs cérémonies.
Si je puis vous fléchir, si j'obtiens ces bienfaits,
Commandez ; nous voilà vos plus zélés sujets.
Les Juifs vous béniront, ils vous seront fidéles ;
Ou je vous vengerai moi-même des rebelles.

ANTIOCHUS.

Quel insolent respect qui te fait à la fois
Et m'offrir ton service, & m'imposer tes Loix ?
Malgré mon amitié crains encor ma vengeance ;
D'un seul mot je puis perdre un ingrat qui m'offense.

MISAEL.

Nous adorons, Seigneur, un pouvoir souverain
Qui ne nous laisse pas craindre un pouvoir humain.

Malgré tous nos malheurs & l'opprobre où nous
  sommes,
Rois pour les Nations, pour nous vous n'êtes
  qu'hommes.
Ministres du Très-haut, quand vous croyez ré-
  gner,
Son invisible bras n'auroit qu'à s'éloigner,
Vous verriez dans l'instant que ce pouvoir fragile
N'étoit qu'un vain Colosse appuyé sur l'argile.
Sur ces prétendus Rois qu'adore l'Univers,
Dieu verse en se jouant la gloire & les revers;
Et quand vous l'outragez, sa main appesantie,
L'un par l'autre à son gré vous frappe & vous châtie.
Vous-même, regardez quel sceptre est dans vos
  mains.
Formidable à l'Egypte & soumis aux Romains,
Tandis que déployant vos nombreuses armées,
Vous allez imposer des Loix aux Ptolomées,
Un écueil imprévu brise votre grandeur ;
Rome arrête vos pas par son Ambassadeur :
Et vous n'osez sortir du cercle qu'il vous trace,
Sans avoir en esclave appaisé sa menace.

ANTIOCHUS.

C'en est trop : je ne sais par quel enchantement
Je me laisse à ce point braver impunément.
Gardes...

ANTIGONE.

Souffrez, Seigneur...

ANTIOCHUS.

      Il veut périr, Madame,
Et que me reste-t-il à tenter sur son ame ?

C'est vous qui pour ses jours m'avez intéressé ;
C'est à vous de fléchir ce courage insensé.
Je sens encor malgré l'excès de son audace,
Qu'un reste de pitié cherche à lui faire grace.
Parlez : de vos conseils la douce autorité,
Peut-être en sa faveur domtera sa fierté :
De lui-même obtenez qu'il ait soin de sa vie ;
Ou ne vous plaignez plus qu'elle lui soit ravie.

SCENE III.

ANTIGONE, MISAEL, CEPHISE.

ANTIGONE.

Je ne m'en défends point, vous l'apprenez du Roi,
Misaël, vos malheurs n'ont bien touché que moi :
Mais cette vie, hélas ! que je veux rendre heureuse,
L'intérêt que j'y prends, vous la rend-il affreuse ?
Et quand j'ose par-tout vous chercher du secours,
Démentirez-vous seul ma pitié pour vos jours ?
Se peut-il que pour vous Antigone sensible
Fléchisse les Tyrans & vous trouve inflexible ?
Faudra-t-il... Mais, ô Ciel ! quel mépris odieux !
Vous ne m'écoutez pas ! vous évitez mes yeux !

MISAEL.

Oui, j'évite vos yeux, & je dois m'y contraindre ;
Je suis le seul objet que mon cœur ait à craindre.

TRAGÉDIE.

Qu'on me présente encor le plus cruel trépas,
Vous l'avez déjà vu, je n'en frémirai pas:
Mais Antigone en pleurs, qui pour moi s'intéresse,
Ces discours, cette voix si chere à ma tendresse,
Ces attraits souverains, ces regards pénétrans,
Voilà mes ennemis, voilà mes vrais tyrans.
Plus les périls affreux me trouvent intrépide,
Plus ce danger flatteur me trouble & m'intimide.
Faut-il que dans un cœur où le mien est lié,
Le Ciel ait fait pour moi tomber cette pitié !
Que la seule personne à qui toute ma vie,
Malgré tous mes efforts, se voyoit asservie,
Qu'Antigone s'obstine à me la conserver,
Quand il m'en coûteroit un crime à la sauver !

ANTIGONE.

De quoi t'étonnes-tu ? De quel crime frivole...

MISAEL.

Qui ? moi, Madame ! moi fléchir devant l'Idole ?

ANTIGONE.

Ah ! d'un encens forcé que tu désavoueras,
Ni nos Dieux, ni le tien, ne te puniront pas.

MISAEL.

Non, Madame, le mien veut que notre courage
Lui rende aux yeux de tous un ferme témoignage ;
Et que ne craignant rien, n'aimant rien tant que
   lui,
Dans notre seule foi nous mettions notre appui.
Je sens trop à ces maux combien la mort m'importe.
D'une vie agitée il est tems que je sorte.
Mon cœur, mon foible cœur se lasse à repousser
Ces traits toujours nouveaux dont je me sens per-
   cer.

B3

Plus je m'arrête ici, plus je deviens coupable.
Je sens qu'à chaque instant cet amour déplorable,
Dont l'aveu m'attira votre juste courroux,
Malgré tous mes combats redouble auprès de vous.
Par ce nouvel aveu je cherche à vous déplaire :
Je veux vous irriter, ou contre un téméraire,
Ou contre un cœur toujours rebelle à vos appas,
Qui brûle de mourir pour ne vous aimer pas.

ANTIGONE.

Barbare, tu te perds, c'est tout ce qui m'offense ;
Et s'il en est besoin pour tenter ta constance,
Dans la vive douleur que je fais éclater,
Vois tous les sentimens qui peuvent te flatter.

MISAEL.

Eh quoi! Madame!...

ANTIGONE.

     Non, dans ton danger extrême,
Je ne puis plus, ingrat, te cacher que je t'aime.

MISAEL.

Vous m'aimez! Ah! voilà le comble des malheurs!

ANTIGONE.

Je t'aime, & tu gémis!

MISAEL.

     Vous m'aimez, & je meurs!
Ciel! qui vois les vertus dont tes mains l'ont ornée,
Dans le sein de Juda que n'est-elle donc née!
Si sous tes saintes Loix elle eût reçu le jour,
Le bonheur de ma vie eût été son amour ;

TRAGÉDIE.

Ou si tu permettois qu'une beauté si chere
Perdît en t'adorant le titre d'étrangere ;
Que par toi réunis, on pût nous voir tous deux
Aux pieds de tes Autels te consacrer nos feux...
Hélas ! vaine espérance où mes desirs s'égarent !
Pourquoi nous attendrir quand tes Loix nous séparent !

ANTIGONE.

Quoi ! Misaël, devant ces tyranniques Loix,
La nature & l'amour perdent-ils tous leurs droits ?
Ce Dieu, ce Dieu jaloux, pour qui seul tu t'enflâmes,
Est-ce un Dieu qui se plaise à diviser les ames ?
Vous dites que le monde est sorti de ses mains,
Que lui seul de son souffle anime les humains,
Que par lui tout se meût, que par lui tout respire,
Condamneroit-il donc un feu qu'il nous inspire ?
Malgré notre penchant, voudroit-il détacher
Deux cœurs infortunés qu'il fit pour se chercher ?

MISAEL.

D'un cœur qu'il créa libre il veut le sacrifice ;
Il ne nous force point, afin qu'on le choisisse.
Nous ne devons aimer ni haïr qu'à son gré.
Oui, malgré tout l'amour dont je suis dévoré,
Il veut que je vous fuie ; &, pour le satisfaire,
Je vais d'Antiochus irriter la colere.
Je déteste ses Dieux, & ne cours qu'en ce lieu
Le danger d'adorer ce qui n'est pas mon Dieu.

ANTIGONE.

Arrête. Je respecte un refus magnanime ;
Je ne demande plus ce que tu crois un crime.
De tes propres remords mon cœur est combattu ;
Misaël, ma foiblesse adopte ta vertu :

B 4

Mais, promets-moi, du moins, s'il t'eſt permis de vivre,
Sans bleſſer ton devoir, ſi mon ſoin te délivre,
Jure-moi de ne plus t'obſtiner à périr ;
Et pour prix de mon cœur laiſſe-toi ſecourir.

MISAEL.

Je me rends; mais, du moins, ſongez...

ANTIGONE.

Tu peux m'en croire;
Autant que de tes jours, j'aurai ſoin de ta gloire.

Fin du ſecond Acte.

ACTE III.

SCENE PREMIERE.
ANTIOCHUS, ANTIGONE.

ANTIGONE.

JE vous l'ai dit, Seigneur, j'espere le fléchir ;
Mais des pleurs d'une mere il falloit l'affranchir.
Elle seule pouvoit par l'excès de son zele
Lui donner contre nous une force nouvelle.
Vous le faites garder en ces lieux par Barsès,
Et rien ne sauroit plus traverser mes succès.
J'ai de l'Israélite ébranlé le courage,
Encor quelques efforts, j'obtiendrai davantage.
Vous l'avez dû prévoir, un esprit si hautain
Ne revient pas si-tôt de son premier dessein :
Pour se rendre il lui faut des combats & du terme ;
Et même en fléchissant il veut paroître ferme :
Mais fiez-vous à moi, je saurai le sauver.
J'ai commencé, Seigneur ; je réponds d'achever.

ANTIOCHUS.

Madame, chaque jour me le fait mieux connoître ;
Pour calmer mes chagrins le Ciel vous a fait naître :
Et je bénis l'instant où la faveur des Dieux,
Pour attendrir mon cœur, vous offrit à mes yeux.
Je veux bien l'avouer ; les plus grandes conquêtes,
L'honneur d'humilier les plus superbes Têtes,
D'abattre sous mes pieds un monde d'ennemis,
M'intéresseroit moins que Misaël soumis.

L'horreur d'avoir en vain devant cette ame altiere
Employé la menace & perdu la priere ;
Mon amitié bravée autant que mon pouvoir,
Cet affront m'accabloit du plus vif désespoir :
Car je ne sais si c'est ou grandeur, ou foiblesse,
Mais ma fierté frémit de tout ce qui la blesse.
Qu'un seul de mes sujets ose me résister,
Tout ce qui m'obéit ne peut plus me flatter :
La résistance alors est tout ce qui me frappe ;
Il semble à mon orgueil que le Sceptre m'échappe,
Et qu'à jamais forcé de recevoir la Loi,
Je ne suis plus qu'un homme, & cesse d'être Roi.

ANTIGONE.

Eh ! pourquoi souffrez-vous que ce trouble empoisonne
Tout ce vaste pouvoir que le destin vous donne ?
Tandis que vous avez, Seigneur, de toutes parts,
Tant d'objets enchanteurs où porter vos regards,
Le plus léger chagrin les fait tous disparoitre !
Un superbe dépit...

ANTIOCHUS.

   Je n'en suis pas le maître.
Je tâche à l'étouffer, & sans cesse il renait ;
Je sens qu'il fait toujours mon plus cher intérêt :
Des autres passions toute la violence
N'en sauroit dans mon cœur balancer la puissance.
Si Misaël se rend, Madame, les Hébreux
Sans effort désormais vont prévenir mes vœux.
Cet exemple peut tout, & j'en dois plus attendre
Que d'un torrent de sang que je pourrois répandre.

ANTIGONE.

Que parlez-vous de sang ? Il n'y faut plus penser.
Eh ! vous n'étiez pas né, Seigneur, pour en verser.

TRAGÉDIE.

La mort des malheureux que votre bras foudroie
Ne vous fait point goûter une barbare joie.
Votre cœur, malgré vous sensible & généreux,
En se vengeant toujours, ne fut jamais heureux.
Pourquoi vous laissez-vous livrer par la colere
A cette cruauté qui vous est étrangere,
Que vous ne trouvez point au fond de votre sein?
Devenez moins superbe, & vous êtes humain.
Souffrez ce zele ardent qui me défend de feindre ;
Il est tems d'être aimé , c'est trop vous faire craindre.
Avec plus de repos si vous voulez régner,
N'effrayez plus les cœurs, songez à les gagner.

ANTIOCHUS.

Eh bien! à vos conseils Antiochus se livre ;
Je me fais avec joie une loi de les suivre.
Connoissez à quel point je me sens pénétrer
Par le dessein qu'ici je vais vous déclarer.
Je vous offre ma main ; il est tems, Antigone,
Que ce front si chéri partage ma couronne.
Dès long-tems aux honneurs du souverain pouvoir
Mes tendresses ont dû préparer votre espoir.
Je ne differe plus: jouissez-en, Madame ;
Que des jours plus sereins soient le prix de ma flâme ;
Et par votre pitié modérant mes rigueurs,
Venez m'aider vous-même à regagner les cœurs.
Votre douceur va mettre un frein à ma colere,
Et je ne connois plus que l'orgueil de vous plaire.

SCENE II.
ANTIOCHUS, ANTIGONE, SALMONÉE.

SALMONÉE.

Qu'ai-je à pleurer, Seigneur ? Qu'a-t-on fait de mon Fils ?
D'un bruit qui se répand tous mes sens sont saisis :
On ose m'assurer que sa vertu chancele,
Et que vous espérez d'en faire un infidele.
Ah ! permettez, du moins, que je puisse le voir.

ANTIOCHUS.

Pour lui défendre encor de suivre son devoir ?
Non, Madame, souffrez plutôt qu'il vous apprenne
A vous rendre vous-même à ma Loi souveraine :
Trop heureux, si pour prix de mes vœux satisfaits,
Je vous pouvois tous deux combler de mes bienfaits.

SALMONÉE.

Laissez-moi voir mon Fils, Seigneur, pour toute grace ;
Laissez-là vos bienfaits, reprenez la menace.
Vous me glacez d'effroi par un accueil si doux.
Sommes-nous devenus moins dignes de courroux ?
Et mon Fils chancelant, prêt à vous satisfaire,
A-t-il donc attiré cette injure à sa Mere ?
Non, je ne croirai point qu'on puisse le forcer....

ANTIOCHUS.

J'espere avoir bientôt à le récompenser.

TRAGÉDIE.

Jusques-là je le laisse au pouvoir d'Antigone.
Obéissez vous-même aux ordres qu'elle donne ;
Désormais mon épouse, elle régne avec moi ;
Et vous & votre Fils vous êtes sous sa loi.

SCENE III.
ANTIGONE, SALMONÉE.
SALMONÉE.

Quoi ! Madame, c'est vous qui cherchez à
  nous nuire ?
Misaël me restoit ; vous voulez le séduire !
Et si d'Antiochus j'en veux croire l'accueil,
La vertu de mon Fils va trouver son écueil.
Je ne connois que trop, puisqu'il faut vous le dire,
Ce que vos yeux sur lui vous ont acquis d'empire ;
Gardez-vous d'employer ce funeste pouvoir,
Pour sa honte éternelle & pour mon désespoir.
Hélas ! Antiochus n'en vouloit qu'à sa vie.
Faut-il que vous portiez plus loin la tyrannie ?
Que vous vouliez sans cesse à son cœur combattu
Par vos barbares pleurs enlever sa vertu ?

ANTIGONE.

Je songe à le sauver, Madame, & je l'espere.
Vouloir sauver le Fils, est-ce trahir la Mere ?
Et ne seroit-ce pas à vous-même à chercher
Ce même appui qu'ici vous m'osez reprocher ?

SALMONÉE.

Non, dès votre naissance à l'erreur asservie,
Vous n'avez pas conçu d'autre bien que la vie ;
Et quoique nous disions, vous n'imaginez pas
Qu'il soit pour nous un mal plus grand que le trépas ;

Nous sommes pénétrés de maximes plus saintes ;
D'autres biens, d'autres maux font nos vœux &
    nos craintes.
Tout ce qui peut charmer ou troubler vos esprits,
Notre œil plus éclairé le voit avec mépris.
Montez, montez, Madame, au Trône de Syrie ;
Soyez de vos sujets redoutée & chérie ;
Que le Ciel favorable accorde à vos desirs
Ce que vous connoissez d'honneurs & de plaisirs :
Mais, de grace, pour prix d'un souhait si sincere,
Laissez-nous les liens, l'opprobre, la misere ;
Laissez-nous le trépas ; & charmés de ce bien,
Notre cœur expirant ne vous enviera rien.

ANTIGONE, à part.

O courage héroïque ! O vertu que j'admire !

SALMONÉE.

Madame vous pleurez, & votre cœur soupire !
Touché de mes douleurs, devient-il moins cruel ?
Voudriez-vous enfin me rendre Misaël ?

ANTIGONE.

Atteinte autant que vous de vos vives allarmes,
Je n'ai pu retenir mes soupirs & mes larmes ;
Mais par votre douleur plus vous m'attendrissez,
Dans mon dessein aussi plus vous m'affermissez.
Oui, votre Fils vivra, j'ose vous en répondre.

SALMONÉE.

Plus vous m'en répondez, plus je me sens confon-
    dre.
Je ne puis donc vous vaincre ; & vous vous obsti-
    nez
Dans ce projet fatal que vous entreprenez.

Vous voulez éprouver jusqu'où mon Fils vous aime ;
Vous voulez dans son cœur triompher de Dieu même.
Eh bien ! allez tenter ce sacrilége effort ;
Pressez-le de choisir entre vous & la mort :
Mais, du moins, à vos pieds où la douleur me jette,
Ne désespérez pas une triste sujette.
Laissez-moi voir mon fils ; que ce foible secours....

ANTIGONE.

Je n'y puis consentir ; il y va de ses jours.

SALMONÉE.

C'est trop perdre mes pleurs. Pour ce que je souhaite,
C'est à tes pieds, Seigneur, qu'il faut que je me jette.
Implorons des secours plus dignes de ma foi.
Je t'offense à chercher un autre appui que toi.

SCENE IV.
ANTIGONE.

Hélas! ne te plains pas qu'à tes vœux je m'op-
    pose ;
Triste Mere, je sens les maux que je te cause.
Si je te découvrois pour calmer ta douleur
Le nouveau jour qui luit dans le fond de mon cœur,
Si je te laissois voir mon ame toute entiere,
Et combien je te sers par de-là ta priere ;
Mais les jours de ton Fils me sont trop importans.
Je n'ai rien dû risquer. Ménageons les instans.

SCENE V.
ANTIGONE, BARSÈS.
ANTIGONE.

Barsés ?

BARSÈS.

Qu'ordonnez-vous ?

ANTIGONE.

De la nuit qui s'approche
Saisissons la faveur pour sortir d'Antioche.
Instruit de mes projets, vous osez tout pour moi ;
Assurez des destins commis à votre foi.

TRAGÉDIE.

BARSÈS.
Commandez, je suis prêt ; mon zele & ma prudence
Répondront dignement à votre confiance.
ANTIGONE.
C'est assez. En ces lieux envoyez Misaël.

SCENE VI.
ANTIGONE.

NE nous traverse pas, puissant Dieu d'Israël :
Qu'aujourd'hui mon amour devant toi trouve grace ;
Et daigne protéger une si belle audace.

SCENE VII.
ANTIGONE, MISAEL.

MISAEL.
EH bien ! Madame, eh bien ! le supplice est-il prêt ?
Antiochus a-t-il prononcé mon Arrêt ?
ANTIGONE.
Non ; & de mon amour l'heureuse vigilance
Va mettre contre lui tes jours en assurance.
J'ai sû d'un vain espoir endormir sa fureur.
Il pense que bientôt, abjurant ton erreur,
Aux Autels de ses Dieux...

MISAEL.

Qu'avez-vous laissé croire ?
Ah ! vous m'aviez promis d'avoir soin de ma gloire.
Je cours le détromper ; & l'honneur de mon nom
Me reproche le tems qu'a duré ce soupçon.
Je vais faire à ses yeux éclater tant de zele....

ANTIGONE.

Cours, ingrat ; mais qu'aussi ton grand cœur lui
  révele
L'excès de cet amour qui m'anime pour toi.
Dis-lui que de ton Dieu je reconnois la Loi.
Livre à sa barbarie une double victime ;
Et qu'un même tourment punisse un même crime.

MISAEL.

L'ai-je bien entendu ? L'oserois-je penser,
Qu'au culte de vos Dieux vous puissiez renoncer ?
Et que le Ciel versant ses clartés dans votre ame,
Eût réconcilié mon devoir & ma flâme ?

ANTIGONE.

Avec tout son éclat la gloire du Seigneur
Assiégeoit dès long-tems mon esprit & mon cœur.
A ces impressions, je frémis de l'offense ;
J'opposois ce poison sucé dès mon enfance.
Toujours prête à le croire & voulant en douter,
Reprenant le bandeau qu'il vouloit écarter,
Je m'armois contre lui d'une honte rebelle ;
Et de peur de changer, je vivois infidelle :
Mais pour déterminer mon esprit combattu,
Dieu s'est voulu servir de toute ta vertu.
Par ta force aujourd'hui j'ai compris sa puissance ;
Tes efforts ont enfin domté ma résistance ;
Et de ta Mere encor le magnanime effroi,
En craignant ta foiblesse, a confirmé ma foi.

MISAEL.

O Ciel ! Que vous charmez mon amour & mon zele !
Et ce grand changement, ma Mere le sait-elle ?

ANTIGONE.

Dans l'intérêt pressant d'empêcher ton trépas,
Je n'ai rien dit, j'ai craint qu'elle ne m'en crût pas ;
Et qu'au moins dans le doute où je l'aurois laissée
Mon entreprise encor ne s'en vît traversée.
Mais toi, cher Misaël, tu me connois trop bien,
Pour penser qu'un moment je te déguise rien.
Je suis Israélite, & tu peux bien m'en croire,
Puisqu'au Trône des Rois j'en préfere la gloire.
Antiochus m'offrant son Sceptre avec sa main,
N'a pu par ses bienfaits balancer mon dessein.
Je renonce à l'Empire, & je le sacrifie
A ma Religion aussi-bien qu'à ta vie.
Après ce que j'ai fait ; c'est à toi d'achever.

MISAEL.

Eh bien ! que faut-il faire enfin pour vous sauver ?

ANTIGONE.

Je sais de ce Palais les détours les plus sombres ;
Et tandis que la nuit répand par-tout ses ombres,
Celui même par qui je t'avois fait garder,
Barsès hors de ces murs consent à nous guider.
Profitons des momens ; allons sous sa conduite...

MISAEL.

Pour un cœur généreux quel secours que la fuite !

ANTIGONE.

Ne t'en allarme point. Pour toi, cher Misaël,
De ta fuite va naître un honneur immortel.

Si tu crois une Amante à ta gloire attachée,
Ta retraite long-tems ne sera pas cachée ;
Et, j'en crois mon espoir, bientôt tu t'en feras
L'heureux champ de bataille où tu triompheras.
Tu peux faire porter de secrettes nouvelles
A ceux qui des Hébreux sont demeurés fideles ;
Les avertir par-tout de s'armer sans éclat,
Et de se joindre à toi préparés au combat.
Bientôt de tes projets l'heureuse renommée
Du brave Assidéen grossira ton armée ;
Il viendra sous tes loix signaler sa valeur.
Alors fais retentir le saint nom du Seigneur.
Des Prêtres rassemblés fais sonner la trompette,
Et de nos fiers Tyrans entreprend la défaite.
Dieu du haut de son Trône appuiera tes desseins,
Saura pour le combat armer tes jeunes mains,
Remontrera David dans ton ardeur guerriere,
Et par toi les Géans vont mordre la poussiere.

MISAEL.

Par ce zele enflammé que vous me faites voir,
Tout-à-coup dans mon cœur passe tout votre espoir.
J'en augure aux Hébreux une gloire nouvelle,
Et c'est, par votre voix, le Seigneur qui m'appelle.
Oui, je crois voir en vous cet Ange impérieux,
Qui jadis, pour briser les fers de nos ayeux,
Et du Ciel apportant la divine promesse,
De l'humble Gédéon vint armer la foiblesse.
J'ai beau me dire ici que Misaël n'est rien,
Je sais que je puis tout avec un tel soutien,
Et que devant le Chef qu'à son peuple Dieu nomme,
Les camps les plus nombreux fuiront comme un seul homme.

C'en est fait ; mettons-nous en état d'obéir.
A tarder plus long-tems je croirois le trahir.
La fuite désormais à mes yeux ne présente
Que de nos saints exploits la suite triomphante.
Heureux, si je pouvois pour prix de votre foi
Vous replacer au Trône où vous montiez sans moi.
Mais, que dis-je ! en fuyant, laisserons-nous ma Mere
Au pouvoir du Tyran, en proie à sa colere ?

ANTIGONE.

Rassure-toi. Mes soins ne l'abandonnent pas.
Bientôt, cher Misaël, elle suivra nos pas.
J'ai prévu, j'ai senti ta tendresse inquiette ;
Et mes ordres secrets assurent sa retraite.
Ne crains rien.

MISAEL.
Allons donc.

ANTIGONE.

Quand je pars avec toi ;
Misaël, il te reste à me donner ta foi,
A recevoir la mienne ; & ma gloire jalouse
Ne me laisse d'ici partir que ton épouse.
Atteste donc le Dieu que nous servons tous deux,
Et qu'il soit à jamais le garant de nos feux.

MISAEL.

Dieu puissant, qui jadis donnas ta Loi suprême
Aux deux premiers époux qu'unissoit ta main même,
Qui, bénissant un feu par toi-même inspiré,
D'un amour naturel fis un lien sacré ;
Nous n'avons plus de Temple ; & de superbes Maitres
Font languir dans les fers nos Pontifes, nos Prétres ;

C'est à toi seul, Seigneur, de nous en tenir lieu;
Sois ici le témoin, le ministre & le Dieu.
Préside à mes sermens, & sois pour Antigone
Le garant de la foi que Misaël lui donne;
Grave au fond de mon cœur l'irrévocable Loi
De vivre & de mourir, & pour elle & pour toi.

ANTIGONE.

Recevez donc ma main, je vous suis asservie;
Je vous livre à jamais & mon cœur & ma vie:
Mais allons, cher époux, & fuyons de ces lieux;
Rachel suivra Jacob sans emporter ses Dieux.

Fin du troisieme Acte.

ACTE IV.

SCENE PREMIERE.
ARSACE, ANTIOCHUS.
ARSACE.

Par votre ordre j'allois chercher l'Israélite,
Barsès & Misaël étoient tous deux en fuite.
Je n'ai point vû de Gardes ; & mon empressement
Venoit vous avertir de leur éloignement.
Un ami de Barsès s'est offert à ma vûe ;
Il sembloit redouter ma présence imprévue :
J'ai soupçonné son trouble, & l'ai forcé soudain
De m'avouer leur fuite, & son propre dessein.
Du Juif il prétendoit vous enlever la Mere,
Et, fuyant sur leurs pas, tromper votre colere.
Voilà de leur secret tout ce que j'ai surpris.
Je vous ai déjà dit les chemins qu'ils ont pris.

ANTIOCHUS.

Ils n'échapperont pas, Arsace, à ma vengeance.
J'ai fait partir contr'eux ma garde en diligence ;
Et le traître Barsès ne sauroit éviter....
Mais quel soupçon nouveau vient ici m'agiter !
J'avois choisi Barsès par l'avis d'Antigone.
Est-ce donc elle, ô Dieux ! qu'il faut que je soupçonne ?
Qu'on la fasse venir ; je veux être éclairci ;
Et que de Misaël la Mere vienne aussi.

SCENE II.
ANTIOCHUS.

CRoirai-je qu'à ce point Antigone m'offense ?
De mon Empire offert est-ce la récompense !
Et déjà la perfide, au mépris du devoir,
Fait-elle ainsi l'essai du souverain pouvoir ?
Parce qu'elle m'a plû, me croit-elle en ses chaînes ?
De l'État en ses mains ai-je remis les rênes ?
Croit-elle désormais régner au lieu de moi ?
Et que pour être Amant, j'ai cessé d'être Roi ?
Se fiant trop, sans doute, à l'orgueil de ses charmes,
Elle croit me fléchir par ses premieres larmes ;
Mais en qui me trahit on sait trop qu'à mes yeux
Jusques à la beauté, tout devient odieux.
Que j'humilierai bien cet orgueil qui la flatte !
On va me l'envoyer ; que me dira l'ingrate ?
Qu'à mon propre intérêt se laissant conseiller,
Elle m'épargne un sang dont je m'allois souiller ;
Et qu'elle a craint enfin que de notre hyménée
Cet auspice sanglant ne marquât la journée.
Trop frivoles raisons ! Je veux être obéi ;
Et servi malgré moi, je me compte trahi.
Mais que veut dire Arsace, & quel trouble l'étonne ?

SCENE III.

TRAGÉDIE.

SCENE III.
ANTIOCHUS, ARSACE.
ARSACE.

C'Est vainement, Seigneur, que l'on cherche Antigone:
Elle ne paroît point.

ANTIOCHUS.

On ne la trouve pas!
Je frémis; de l'Hébreu suivroit-elle les pas?
Est-ce donc un Amant que sa pitié délivre?
Est-ce donc un Rival qu'en lui j'ai laissé vivre?
Quels prodiges, grands Dieux! Qui le pourroit penser,
Qu'au mépris de mon Trône, où je l'allois placer,
Dans son perfide cœur un esclave l'emporte!
Il ne lui peut offrir que les chaines qu'il porte:
Mon amour la faisoit régner sur l'Univers;
On dédaigne mon Sceptre, & l'on choisit ses fers.
Qu'ils tremblent; de mes mains c'est en vain qu'ils s'arrachent:
Je percerai l'asyle où ces ingrats se cachent.
Dans les antres profonds dussent-ils se sauver,
Ma fureur saura bien encor les y trouver.
L'Israélite vient.

C

SCENE IV.
ANTIOCHUS, SALMONÉE, THARÉS.

SALMONÉE.
De l'ordre qu'on me donne
Que faut-il ?...
ANTIOCHUS.
Votre Fils fuit avec Antigone.
SALMONÉE.
Antigone & mon Fils!...
ANTIOCHUS.
Viennent de s'échapper.
Vous savez leur secret, gardez de me tromper;
S'aimeroient-ils? Parlez: ou d'une vaine audace
La mort...
SALMONÉE.
Crois-moi, Tyran, ne perds point de menace.
Tu sais ton impuissance à me faire trembler:
Mais ce que tu m'apprends suffit pour m'accabler.
S'il est vrai, qu'écoutant une ardeur criminelle,
Mon Fils ait consenti de suivre une infidelle,
Tes malheurs sont les miens; plus que toi j'en frémis:
Tu perds une Maitresse, & moi je perds un Fils.
ANTIOCHUS.
Comment donc m'éclaircir de leurs perfides flammes?
Voyons, & d'Antigone interrogeons les femmes.
Dans ce doute mortel c'est trop me retenir;
Apprenons de quel crime il la faudra punir.

SCENE V.
SALMONÉE, THARÉS.
SALMONÉE.

Je n'ai donc plus de Fils! Cette fuite funeste
Me sépare à jamais de celui qui me reste.
Voilà, chere Tharès, le malheur que j'ai craint ;
Voilà le fruit cruel d'un amour mal éteint.
J'espérois voir le Ciel sensible à mes allarmes ;
Mais il a rejetté ma priere & mes larmes.
Je succombe à mes maux. Eh! comment mes enfans,
Dans le sein du Seigneur aujourd'hui triomphans,
N'ont-ils pas obtenu, pour prix de leur victoire,
Qu'un frere malheureux n'en ternit pas la gloire!

THARÉS.
Que lui reprochez-vous, Madame? Et quel affront
Pensez-vous que sa fuite imprime à votre front?
D'un Tyran implacable il fuit la barbarie :
Sans trahir son devoir, il assure sa vie.
Il n'a point adoré les Dieux du Syrien.

SALMONÉE.
Il adore les Dieux, puisqu'il trahit le sien.
Il ne fuit que pour suivre Antigone qu'il aime ;
Amant de l'Idolâtre, il le devient lui-même.
Quand Dieu n'est pas pour lui l'intérêt le plus cher,
Qu'importe d'Antigone ou bien de Jupiter?

THARÉS.
Mais quand Misaël fuit, du Tyran qu'elle offense
Antigone elle-même a dû fuir la vengeance.
L'amour les unit moins, peut-être, que l'effroi :
L'une fuit pour sa vie, & l'autre pour sa foi.

Pourquoi vous hâtez-vous de le noircir d'un crime,
Puisque la fuite, enfin, peut être légitime?
Puisqu'elle étoit permise...

SALMONÉE.

      A tout autre qu'à lui.
Oui, le commun des Juifs peut sans crime avoir fui,
Quand le Tyran leur livre une cruelle guerre,
Qu'ils cherchent un asyle aux antres de la terre ;
Contens, sans l'affronter, d'attendre le trépas,
Ils peuvent se cacher ; je n'en murmure pas.
Mais le Ciel, de mon Fils exigeoit davantage.
Quand de ses freres morts il a vu le courage,
Témoins de tous les maux qu'ils viennent de souf-
 frir,
C'est les déshonorer qu'avoir craint de mourir :
Mais tout mon sang est prêt pour expier son crime ;
Accepte, au lieu du Fils, la Mere pour victime ;
Seigneur, que le Tyran, las de me dédaigner,
Ne me méprise plus assez pour m'épargner.
Rend terrible à ses yeux le zele qui m'enflamme ;
Qu'il croye en me perdant perdre plus qu'une femme ;
Et que dans sa fureur ce nouveau Sisara
Craigne de laisser vivre une autre Debora.
Fais qu'à mes vrais enfans, désormais réunie,
Tout mon sang d'un ingrat lave l'ignominie :
Quand je n'ai plus de Fils que je puisse t'offrir,
Plus d'autre bien pour moi, Seigneur, que de mourir.

SCENE VI.
ANTIOCHUS, SALMONÉE, THARÉS.

ANTIOCHUS.

Dieux! ne ferai-je donc qu'une recherche vaine?
On ne m'éclaircit point; tout augmente ma peine.
De leur fatal amour on n'ose m'assurer;
Cependant malheureux, puis-je encor l'ignorer?
Plus je pense à leur fuite, & plus mon cœur se trouble;
Ma fureur inquiette à chaque instant redouble;
Je ne sais où je vais, je ne sais où je suis.

(A Salmonée.)

Sortez; votre présence irrite mes ennuis.
Hidaspe ne vient point! Qu'est-ce qui le retarde?
Les traîtres seroient-ils échappés à ma garde?
Se pourroit-il qu'Hidaspe eût manqué leur chemin?
Ses jours me répondroient.... Mais je le vois, enfin.

SCENE VII.
ANTIOCHUS, HIDASPE.
ANTIOCHUS.

EH bien! m'amene-t-on la perfide & le traître?
Et d'où vient que sans eux je te vois reparoître?

HIDASPE.
Seigneur, ces fugitifs ne vous échappent pas.
Mais de quelques momens j'ai devancé leurs pas;
Et tandis qu'en ces lieux on va vous les conduire,
Du succès du combat j'ai voulu vous instruire.

ANTIOCHUS.
Un combat! Contre qui?

HIDASPE.
Misaël & Barsès
N'en ont que trop long-tems retardé le succès;
Et les faits imprévus que je dois vous apprendre,
Vous surprendront, Seigneur, si vous voulez m'entendre.

ANTIOCHUS.
Parle.

HIDASPE.
Ils touchoient déjà le pied des monts prochains,
Lorsqu'au soleil naissant nous les avons atteints.
Misaël & Barsès conduisoient Antigone;
De vos propres soldats un corps les environne,
Qui, se voyant suivis, saisissent à l'instant
D'un passage serré l'avantage important.
Nous pensions sans effort dissiper les perfides;
Que par leur trahison devenus plus timides,
Ils s'alloient, en fuyant, dérober à nos coups:
Mais, loin de s'ébranler, ils s'encouragent tous.

TRAGÉDIE.

La peur du châtiment irrite leur audace,
Et du seul désespoir ils attendent leur grace.
Antigone à leurs yeux déployant ses trésors,
Promets d'en partager le prix à leurs efforts:
Mais ce qui plus que tout animoit leur défense,
C'étoit de Misaël l'héroïque vaillance.
Vos yeux de son courage auroient été jaloux;
C'est de tous les mortels le plus grand après vous.
Son bras de flots de sang fait ruisseler la terre;
Chacun pensoit en lui voir le Dieu de la guerre:
Et Barsès dans vos camps nourri jusqu'aujourd'hui,
Ne paroissoit qu'apprendre à combattre sous lui.
Barsès tombe mourant: mais toujours invincible,
Le magnanime Hébreu n'en est pas moins terrible;
Tant, qu'enfin ses soldats, par le nombre accablés,
Expirent presque tous sous nos coups redoublés.
Je fais en ce moment enlever Antigone;
Misaël qui le voit lui-même s'abandonne:
Il jette son épée, & se livre en nos mains.
Exécutez, dit-il, vos ordres inhumains:
Malgré tous mes efforts elle est votre captive;
Je n'ai pu la sauver, il faut que je la suive.
Enchaînés l'un & l'autre on les amene ici:
Vous les verrez bientôt, Seigneur. Mais les voici,

SCENE VIII.
ANTIOCHUS, MISAEL, ANTIGONE.

ANTIOCHUS, *à Antigone.*

Approche, & que ton cœur frémissant à ma vûe
Commence de subir la peine qui t'est dûe.
De tant d'amour, ingrate, est-ce donc-là le prix ?
Devois-tu le payer d'un si sanglant mépris ?
Après mon Sceptre offert, Antigone me brave,
Jusqu'à m'abandonner. Pour qui ? Pour un esclave !
Jusqu'à me préférer les rigueurs de son sort ;
A fuir mon Trône, enfin, comme il fuyoit la mort !

ANTIGONE.

Souffrez, Antiochus, que je me justifie ;
Non que je prenne encor aucun soin de ma vie,
Que je prétende ici fléchir votre courroux ;
Mais pour mon propre honneur, pour moi plus que
　　　　　pour vous.
De mon cœur dès long-tems Misaël est le maitre ;
Je brûlois d'un amour que Sion a vu naitre :
Je le cachois toujours, & n'en triomphois pas.
Quand le Ciel de mon Pere ordonna le trépas,
Au sein de votre cour vous m'avez appellée :
De toutes vos faveurs votre amour m'a comblée ;
Vos soins impatiens prévenoient mes souhaits.
Je n'avois plus de cœur à rendre à vos bienfaits ;
Et je m'en suis tenue à la reconnoissance
Que mon destin encor laissoit en ma puissance.

TRAGÉDIE.

De vos seuls intérêts j'ai fait mon premier soin.
Je voudrois votre gloire ; & vous m'êtes témoin
Que si vous aviez crû ce que j'osois vous dire,
Si mes conseils sur vous avoient eu plus d'empire,
Ils devoient prévenir ou suspendre le cours
De tant de cruautés qui ternissent vos jours.
Mais malgré mes conseils, mes soupirs & mes larmes,
Votre orgueil a souillé le succès de vos armes.
Vous chargez de vos fers toute une Nation :
Vous changez la victoire en persécution.
Israël est proscrit par cet orgueil perfide ;
Et pour lui votre Régne est un long homicide.
Mes yeux se sont enfin lassés de vos rigueurs ;
Et ma fuite aujourd'hui m'associe à leurs pleurs.
Leur magnanimité, leur longue patience
Ont au Dieu des Hébreux gagné ma confiance ;
Et j'ai cru que le Dieu dont les secours puissans
Soutenoient la vertu dans les cœurs innocens,
Valoit mieux que des Dieux qui laissent impunie
L'ivresse de l'orgueil & de la tyrannie.
Vous connoissez pourquoi j'ai suivi Misaël.
Je partage avec lui le destin d'Israël ;
Et dussai-je irriter votre fureur jalouse,
Je suis Israélite ; &, de plus, son épouse.

ANTIOCHUS.

Son épouse ! A ce point on ose m'outrager !

ANTIGONE.

Je la suis ; j'en fais gloire, & tu peux t'en venger.

ANTIOCHUS.

Son épouse ! grands Dieux !

LES MACHABÉES,

(*Voulant tirer son épée contre Misaël.*)

                             Ah! cruel, de ta vie…

ANTIGONE.

Arrêtez, arrêtez. Par cette barbarie
N'allez pas vous couvrir d'un opprobre nouveau ;
Et soyez son tyran, & non pas son bourreau.
Mais pourquoi ces fureurs ? Qu'importe à votre flamme
Que d'un autre ou de lui je devienne la femme,
Puisqu'enfin désormais, asservie à leur Loi,
Tout idolâtre hymen est interdit pour moi ?
Je suis Israélite ; & loin que je démente
Ce nom…

ANTIOCHUS.

        Tu ne l'es point ; tu n'es que son Amante.
Ton Dieu c'est ton amour ; & tes vœux aujourd'hui
N'ont, en me trahissant, sacrifié qu'à lui :
Mais je vais te punir en t'arrachant la vie,
Et de ton sacrilége & de ta perfidie.
Ingrate, tu vas voir mon courroux furieux
S'épuiser à venger mon amour & les Dieux.

MISAEL.

N'écoutez pas, Seigneur, cette horrible vengeance.
Souffrez qu'à vos genoux quelqu'espoir de clémence….

ANTIOCHUS.

Misaël à mes pieds ! Je ne m'en flattois pas,
Je ne lui croyois point un courage si bas ;

TRAGÉDIE.

Et jusqu'à ce moment priere ni menace
N'avoit pû le forcer à me demander grace.
Le foible de ton cœur vient de se déceler;
Et tu m'apprends toi-même à te faire trembler.

MISAEL.

Il est vrai, ma frayeur à vos yeux se déclare:
Mais ne connoissez-vous que ce plaisir barbare?
Et du pouvoir des Rois les suprêmes grandeurs
N'ont-elles rien de doux que d'effrayer les cœurs?
Osez faire aujourd'hui l'essai d'une autre gloire:
Remportez sur vous-même une illustre victoire.
Faut-il qu'un nom célebre entre les Conquérans
Mêle à tant de lauriers l'opprobre des tyrans?
D'un peuple gémissant faites tomber les chaines;
Laissez-le respirer après ses longues peines;
Faites cesser le cours de tant de cruautés,
Et signalez sur nous vos premieres bontés:
Ou s'il vous faut, Seigneur, encore une victime,
Frappez; que mon trépas soit votre dernier crime.
Éteignez dans mon sang un injuste courroux.
Heureux, si mon supplice est la grace de tous.

ANTIOCHUS.

Non, ne te flatte point que ta mort me suffise;
J'ai trop appris combien Misaël la méprise:
Et je ne pourrois plus compter sur ton effroi,
Si mon courroux n'avoit à menacer que toi.
C'est sur un autre cœur que vengeant mon outrage,
Je te ferai frémir malgré tout ton courage.
Grace au Ciel ma fureur ne peut plus se tromper:
Je sais pour te punir où ma main doit frapper.

MISAEL.

Eh! que vous serviroit de frapper Antigone?
Espérez-vous qu'alors ma vertu m'abandonne?

LES MACHABÉES,

Malgré tout mon amour, l'aspect de son trépas
Déchireroit mon cœur & ne le vaincroit pas.

(*A Antigone.*)

Madame....

ANTIGONE.

Ne crains rien de mon sexe timide.
Je suivrai sans foiblesse un époux intrépide ;
Et m'unissant à toi, mon cœur s'est revêtu
De tous tes sentimens, de toute ta vertu.

MISAEL.

Que la vie avec vous m'eût été précieuse !

ANTIGONE.

Que la mort avec toi me sera glorieuse !

MISAEL.

Ne devions-nous, hélas ! être unis qu'un moment !

ANTIGONE.

Cher époux ! nous mourrons du moins en nous aimant.

ANTIOCHUS.

Ah ! c'est trop abuser, couple ingrat & perfide,
De l'état où me jette une douleur stupide.
A peine mon oreille entendoit vos discours.
Quoi donc ! vous vous jurez de vous aimer toujours !
Vous insultez au trouble où mon ame est en proie !
Mais vous perdrez bientôt cette barbare joie.

TRAGÉDIE.

Dans cet appartement conduisez-les tous deux,
Gardes, suivez mon ordre, & me répondez d'eux.

(*A Misaël.*)

Toi, songe à m'obéir, sans tarder davantage;
Ou fais-toi de ses maux la plus affreuse image.
Tout ce que la fureur inventa de cruel....

MISAEL.

Adieu, chere Antigone.

ANTIGONE.

Adieu, cher Misaël.

SCENE IX.

ANTIOCHUS.

Serai-je donc vaincu, grands Dieux ! Et cette offense
Me va-t-elle à jamais prouver mon impuissance ?
A cet affront mortel m'auriez-vous réservé ?
Et ne suis-je plus Roi que pour être bravé !

Fin du quatrieme Acte.

TRAGÉDIE.

ACTE V.

SCENE PREMIERE.
MISAEL.

Juste Ciel! quelle épreuve! Et par quelle ven-
 geance
Le barbare vient-il d'ébranler ma constance?
L'ai-je bien entendu ce sacrilége choix,
Que m'offre sa fureur pour la derniere fois?
Sacrifie à nos Dieux, & ma gloire contente
T'accorde avec tes jours les jours de ton Amante :
Si rien à ton erreur ne peut te dérober,
Le glaive est suspendu, je le laisse tomber.
Mais, songe m'a-t-il dit (& d'horreur j'en fris-
 sonne)
Qu'en te livrant, tu vas condamner Antigone :
Sur le bûcher vengeur, tout prêt à s'allumer,
Antigone à tes yeux se verra consumer.
Pour vous punir tous deux, ma jalouse vengeance
Pour signal de sa mort a marqué ta présence ;
Et je te laisse ainsi le supplice nouveau
D'être, si tu le veux, son juge & son bourreau.
Que vais-je devenir! Eh! quel choix puis-je faire!
Ah! Tyran, quel Démon conseille ta colere?
Qui te fait inventer de semblables rigueurs,
Et t'apprend si bien l'art d'épouvanter les cœurs?
O Ciel! qui vois le trouble où mon ame s'égare,
Puis-je ici ne pas être infidele ou barbare!

Puis-je encor satisfaire à tout ce que je doi,
Et ne pas offenser la nature ou ma foi ?
Qui me garantira d'un éternel reproche ?

SCENE II.
MISAEL, SALMONÉE.
MISAEL.

AH ! ma Mere !

SALMONÉE.

Ah ! mon Fils ! je tremble à ton approche.
J'ai voulu sur ta fuite interroger le Roi,
Qui d'un regard farouche augmentant mon effroi,
Et sur tes sentimens s'obstinant au silence,
Pour mon tourment, dit-il, me permet ta présence.
Ton aspect est-il donc un supplice pour moi ?
Parle ; est-ce un infidele, est-ce un fils que je voi ?
T'es-tu déshonoré ? Ta fuite est-elle un crime ?

MISAEL.

Non. Je n'exécutois qu'un dessein légitime.
Antigone avec moi s'éloignoit de ces lieux ;
Mais, Madame, en fuyant, elle abjuroit ses
    Dieux :
Elle est Israélite ; un nœud sacré nous lie :
Le nom de son époux m'a chargé de sa vie.

SALMONÉE.

Elle est Israélite ! Et vous êtes unis ;
Et le Tyran encor ne vous a pas punis !
Se démentiroit-il jusqu'à vous faire grace ?

MISAEL.

Ah ! ma Mere, bien loin que sa fureur se lasse,

TRAGÉDIE. 65

Le cruel me prépare un supplice fatal,
Qu'il imagine moins en Tyran qu'en Rival.
Si je m'offre à la mort, Antigone est perdue ;
Je la livre aux bourreaux, ma présence la tue ;
J'allume le bûcher qui la doit dévorer,
Et je l'y précipite en courant m'y livrer.

SALMONÉE.

Et si tu n'y cours point, qu'est-ce donc qu'il espere ?

MISAEL.

Qu'en adorant ses Dieux, j'éteindrai sa colere.

SALMONÉE.

Eh ! tu consentirois qu'il osât l'espérer ?

MISAEL.

Vous me faites frémir ; mais je dois demeurer ;
De ces funestes lieux attendre qu'on m'arrache,
Et n'être, s'il se peut, ni barbare, ni lâche ;
Me résoudre à la mort que je ne fuirai pas,
Sans aller d'une Epouse ordonner le trépas.
Car, Madame, songez que l'amour qui m'anime,
Tout extrême qu'il est, a cessé d'être un crime.
Sans honte & sans remords j'en subis la rigueur,
Et c'est sans le souiller qu'il déchire mon cœur.
Où prendre dans ce trouble un conseil salutaire !
Plein de ce que je sens, vois-je ce qu'il faut faire ?
Je sais que le Tyran va soupçonner ma foi ;
Je le sais, & j'attends : mais enfin je le doi.
Ces jours unis aux miens qu'il faut que je respecte...

SALMONÉE.

Ciel ! qu'entends-je ! Tu dois laisser ta foi suspecte!

Misaël à mes yeux ose penser ainsi !
La foiblesse & l'erreur le retiennent ici !

MISAEL.

Savons-nous quel secours le Seigneur nous prépare ?
Ne peut-il pas sur nous attendrir le barbare ?
A d'autres sentimens tout-à-coup l'amener ?

SALMONÉE.

Ingrat ! Ne peut-il pas aussi t'abandonner ?
Quand tu te plais toi-même à trahir ton courage,
Tremble qu'il ne te laisse achever ton ouvrage.
Si le moment présent ne te sert qu'à gémir,
Crois-tu qu'un autre instant serve à te raffermir ?
Je frémis de l'effroi que ton cœur me témoigne.
Ta passion s'accroit, & le Seigneur s'éloigne.
Hélas ! pour se venger de tant d'instans perdus,
Peut-être que sa voix ne te parlera plus.

MISAEL.

Ah ! s'il me parle encor, que j'ai peine à l'entendre !
Du trouble de mes sens je ne puis me défendre.
Je ne vois qu'Antigone expirante à mes yeux.
Quoi ! Madame, j'irois en tyran furieux,
Donner de son trépas le décret parricide !
A cet affreux penser mon zele s'intimide.
Pour elle j'ai juré de vivre & de mourir ;
Suis-je donc son Époux pour la faire périr ?
Dans les sombres horreurs de ce cruel martyre,
Je ne décide rien, Madame ; mais j'expire.

SALMONÉE.

Expire ; mais, mon Fils, expire pour ton Dieu.
Qu'Antigone aujourd'hui ne t'en tienne pas lieu.
Si sa Religion n'est qu'une indigne feinte,
Ton amour est un crime aussi-bien que ta crainte ;

TRAGÉDIE. 67

Si vers la vérité c'est un retour constant,
Meurs, & va lui donner l'exemple ; elle l'attend.
Les Juifs vont adopter ta foiblesse ou ton zele.
Par toi, tout est impie, ou bien tout est fidele :
Du salut d'Israël, ou de son jour fatal,
Timide ou généreux tu donnes le signal.
Au nom de l'Alliance à nos ayeux jurée,
Au nom de l'Eternel & de l'Arche sacrée,
Où Moïse jadis renferma cette Loi
Qu'écrivit le Seigneur pour son peuple & pour toi,
J'ose encore ajouter au nom de tous tes Freres,
Qui viennent de mourir pour la foi de leurs Peres :
Par de lâches délais ne va pas la trahir ;
Et sans rien voir de plus, hâte-toi d'obéir.
Accorde-moi, mon Fils, ce prix de ta naissance,
De ces soins qu'à ta Mere a coûté ton enfance.
Si le plus tendre amour a veillé sur tes jours,
Va mourir.

MISAEL.
Recevez mes adieux, & j'y cours.

SCENE III.
SALMONÉE.

J'ai retrouvé mon Fils, Seigneur, pour te le rendre ;
Devrois-je avoir encor des larmes à répandre !
De la Mere & du Fils daigne être le soutien ;
Affermi son courage & rassure le mien.
Je hâte cette mort dont je suis déchirée ;
Il livre, pour te plaire, une Épouse adorée ;
Et nous avons tous deux dans ces tristes momens
A te sacrifier les plus chers sentimens.
Grand Dieu, sois-en loué ; des efforts magnanimes
Doivent à tes regards épurer tes victimes.
Dans notre sacrifice immolons tous nos vœux :
Le plus digne de toi, c'est le plus douloureux.

SCENE IV.
ANTIOCHUS, SALMONÉE.
ANTIOCHUS.

C'en est fait ; votre Fils consomme son audace.
Il vient pour me braver, de sortir dans la Place.
Honneur & sacrifice au seul Dieu d'Israël,
A crié devant moi l'insolent Misaël.
Je l'ai trop laissé vivre. Il est tems qu'il expie
L'aveugle fermeté de son orgueil impie.

TRAGÉDIE.

De la main des bourreaux rien ne peut l'arracher.
Déjà tout étoit prêt, la flamme & le bûcher.
Le cruel y va voir expirer ce qu'il aime ;
Et soudain dans les feux il la suivra lui-même.
Pour eux plus de pitié ; je n'en veux plus sentir ;
Et je ne suis rentré que pour m'en garantir.

SALMONÉE.

Ah ! vous voilà, Seigneur, tel que je vous demande ;
Si j'implore de vous une grace plus grande,
C'est que votre courroux consente de m'unir
A ce cher criminel que vous allez punir.
Pourquoi séparez-vous le Fils d'avec la Mere ?
N'ai-je pas comme lui droit à votre colere ?
Et mon zele hardi ne vous paroît-il pas
Digne autant que le sien d'obtenir le trépas ?

ANTIOCHUS.

Tu me braves en vain ; ton sexe est ta défense,
Et je sais me garder d'avilir ma vengeance.

SALMONÉE.

Superbe, si mon sexe est si vil à tes yeux,
Pourquoi démens-tu donc ce mépris odieux ?
Comment ordonnes-tu qu'Antigone périsse ?

ANTIOCHUS.

Ce n'est point son erreur qui l'envoie au supplice ;
C'est de sa trahison le juste châtiment,
Ou plutôt d'un Rival sa mort est le tourment.

SCENE DERNIERE.
ANTIOCHUS, SALMONÉE, ARSACE.

ARSACE.

Vos ordres font remplis ; & je viens vous apprendre
Le fort de deux grands cœurs qui ne font plus que cendre.
Si-tôt qu'on vous a vu rentrer dans le Palais,
Du supplice fatal on hâte les apprêts ;
On conduit au bûcher Antigone enchaînée ;
Misaël soupirant y suit l'infortunée.
Je ne vous tairai point le murmure & les pleurs
D'un peuple consterné qu'accablent leurs malheurs.
Chacun jette des cris, chacun se désespere,
De voir cette beauté qui vous étoit si chere,
Par qui depuis long-tems sur vos heureux sujets
Vous vous plaisiez vous-même à verser vos bienfaits ;
Que jusques-là, Seigneur, si j'ose vous le dire,
Votre amour & nos vœux appelloient à l'Empire ;
Au lieu de ces grandeurs qui sembloient la chercher,
Ne trouver aujourd'hui qu'un infâme bûcher.
Elle seule est tranquille ; elle seule demeure
Insensible à des maux que tout le monde pleure ;
Et loin de nous montrer un front épouvanté,
Une modeste joie ajoute à sa beauté.
L'erreur la rend ensemble impie & généreuse :
Puissiez-vous vivre heureux comme je meurs heureuse,

TRAGÉDIE. 71

Nous dit-elle ; & soumis à de plus saintes Loix,
En quittant vos faux Dieux, mériter de bons Rois.
Puis avec un regard tout plein de sa tendresse,
A son nouvel Époux cette Amante s'adresse :
Que je bénis l'amour que tu m'as inspiré,
Puisqu'à ton Dieu par-là mon cœur fut attiré !
Ma foi, pour l'un & l'autre, aujourd'hui se signale ;
Ce bûcher est pour moi la couche nuptiale ;
Et ce trône de flamme où je m'en vais monter,
Vaut mille fois celui que tu m'as fait quitter.
Dans ses derniers adieux vingt fois elle l'embrasse ;
Et soudain au bûcher vole prendre sa place.
Alors selon votre ordre on retient Misaël,
Qui, détournant les yeux du spectacle cruel,
Les fixe vers le Ciel, qu'à genoux il implore
Pour cet objet chéri que la flamme dévore ;
Et des mains des bourreaux dès qu'il peut s'arra-
    cher,
Il s'élance lui-même au milieu du bûcher,
Où des feux irrités la prompte violence
A bientôt par leur mort rempli votre vengeance.
Oui, vous êtes vengé ; Seigneur, ils ont vécu.

ANTIOCHUS.

Je ne suis point vengé, grands Dieux ! je suis
    vaincu.

SALMONÉE.

Oui, superbe, tu l'es, & ton pouvoir t'échappe ;
Voilà le dernier coup dont le Seigneur nous frappe.
Le sang de mes Enfans vient de le désarmer.
Ta rage contre nous à beau se ranimer,
L'Éternel à son tour va prendre sa vengeance.
Notre opprobre finit, & ta honte commence.
Dieu déploie à mes yeux l'avenir qui t'attend.
Je vois du peuple élu le triomphe éclatant ;
A leur tête je vois de nouveaux Machabées,
Le renaissant appui de nos Villes tombées,

Marchant à la victoire, & prêts d'exécuter
Les exploits que mes Fils viennent de mériter.
Les Puissances du Ciel à leurs côtés combattent ;
Sous le glaive divin tes Légions s'abattent ;
Tout est frappé, tout meurt ; & le Juif glorieux
Dans les murs de Sion rentre victorieux.
Par ta confusion ta rage ranimée
Menace le Seigneur d'une plus forte armée ;
Tu viens : mais il t'arrête ; & ses coups plus certains
Te renversent toi-même avec tous tes desseins.
Ton corps n'est bientôt plus qu'une honteuse playe ;
Tes amis, tes flatteurs, tout fuit, & tout s'effraye.
Un Dieu juste condamne, en terminant ton sort,
Le cœur le plus superbe à la plus vile mort.
Alors reconnoissant que tu devois le craindre,
Tu cesses de braver ; tu ne sais que te plaindre ;
Tu lui demande grace ; & prêt à l'adorer,
Tu ne veux plus de jours que pour tout réparer ;
Mais ton faux repentir à ses yeux est un crime,
Il ne t'écoute plus & tu meurs sa victime.
Implacable Tyran, voilà ton avenir.
Ma voix te le révele, & tu peux m'en punir :
Mais, si de ton courroux je ne deviens la proie,
Je mourrai, malgré toi, de l'excès de ma joie.

ANTIOCHUS.

O Ciel ! Qu'ai-je entendu ! Quel effroi m'a troublé !
Je doute si c'est elle, ou Dieu qui m'a parlé.

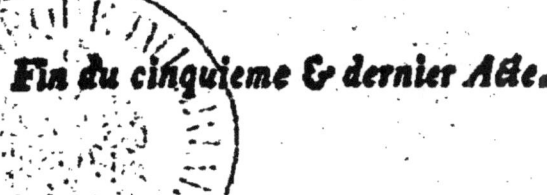

Fin du cinquieme & dernier Acte.

ROMULUS,

ROMULUS,

TRAGÉDIE,

Représentée pour la premiere fois par les Comédiens François ordinaires du Roi, le 8 Janvier 1722.

AU
RÉGENT.

MONSEIGNEUR,

L'honneur que j'ai eu de réciter ma Tragédie à VOTRE ALTESSE ROYALE, *avant que je la donnasse au Public, & l'approbation que Vous lui avez accor-*

dée, me font heureusement un devoir de la résolution où j'étois déjà de la mettre sous vos auspices. C'est aux Grands Hommes à juger de la vraie Grandeur; c'étoit à Vous de décider si j'ai fait sentir dans mes deux Héros quelque germe de cette Valeur & de cette Vertu Romaine, dont l'Univers fut depuis & l'esclave & l'admirateur. Je crois y avoir réussi, puisque Vous avez prononcé en ma faveur; & j'ai compté sur les suffrages publics, du moment que j'ai obtenu le Vôtre. Je sais, MONSEIGNEUR, que dans les regles d'une Épitre Dédicatoire, ce ne devroit être ici que l'occasion de célébrer VOTRE ALTESSE ROYALE, & je vous avoue que je serois bien tenté d'u-

ser librement de mes Priviléges : mais il ne seroit pas juste que mon goût fît quelque violence au vôtre ; & pour ne courir aucun risque de blesser votre délicatesse, en Vous parlant de Vous-même, je Vous supplie seulement, MONSEIGNEUR, *d'agréer le respect profond & le dévouement entier avec lequel je suis,*

MONSEIGNEUR,

DE VOTRE ALTESSE ROYALE,

Le très-humble, & très-obéissant serviteur,
HOUDAR DE LA MOTTE.

PERSONNAGES.

ROMULUS, Roi des Romains, & Fils de Mars.
TATIUS, Roi des Sabins.
HERSILIE, Fille de Tatius.
SABINE, Confidente d'Hersilie.
PROCULUS, Sénateur Romain.
MURENA, grand Prêtre.
TULLUS, Officier Romain.
LE CHEF DES GARDES.
ALBIN, Confident de Proculus.
GARDES.

La Scène est à Rome, dans le Palais de Romulus.

ROMULUS,
TRAGÉDIE.

ACTE PREMIER.

SCENE PREMIERE.
HERSILIE, SABINE.

HERSILIE.

Quoi ! n'est-il plus d'espoir pour la triste Hersilie ?
Sabine, le crois-tu, ce que Rome publie,
Qu'au mépris de mon cœur, & content de ma main,
Romulus ait conclu ce barbare dessein ;
Qu'esclave plus qu'épouse, à l'Autel entraînée,
A cette indignité le ciel m'ait condamnée ?

SABINE.

Oui, je n'en doute plus ; las de tant de mépris,
Romulus de ses feux va vous ravir le prix.

S'il faut vous étonner, c'est qu'une ame si fiere
Se soit depuis un an réduite à la priere ;
Que soumis, soupirant, pleurant à vos genoux,
Il ait ici paru plus esclave que vous.
Son amour irrité d'une longue contrainte,
Appelle enfin la force au secours de la plainte.
Mais, si j'osois ici lire dans votre cœur,
De cet injuste hymen il sent peu la rigueur ;
Et déjà consolé du sort qui le menace,
Quand il s'en plaint tout haut, en secret lui rend grace.
HERSILIE.
Ciel ! qu'oses-tu penser ! Ce tyran...
SABINE.
Vous l'aimez.
J'ai pénétré ce feu qu'en vain vous renfermez,
A travers vos dédains....
HERSILIE.
C'en est trop, inhumaine ;
Ne me fais pas l'affront de douter de ma haine.
Rappelles-tu l'horreur de ces Jeux assassins,
Où ce peuple perfide invita ses voisins.
Rome vit dans ses murs nos plus nobles familles,
Les peres dans le piége amenerent leurs filles.
Hélas ! nous admirions cette hospitalité,
Cet accueil qui voila leur infidélité,
Ces superbes festins, ces pompeux sacrifices,
Et ces Jeux célébrés sous de sacrés auspices ;
Quand nous vimes soudain le fer étincelant
Changer la Fête impie en spectacle sanglant.
La fureur des soldats force le triste pere
D'abandonner sa fille à la main étrangere.
La mort frappe à nos yeux nos premiers défenseurs,
Et le reste en fuyant nous livre aux ravisseurs.
Voilà de Romulus quelle fut l'injustice :
Et tu doutes encor que mon cœur le haïsse ?
SABINE.
Oui, vous l'avez haï dans ces premiers momens,

TRAGÉDIE.

Mes yeux furent témoins de vos ressentimens ;
Et de sa trahison déplorable victime,
Vous lui donniez les noms que méritoit son crime.
Mais, quand à sa fureur, vous vîtes chaque jour
Succéder les égards, le respect & l'amour ;
Quand, loin de vous forcer à ces Loix inhumaines
Qui changeoient aux Autels nos filles en Romaines,
Maitresse à votre tour de votre humble vainqueur,
Il venoit à vos pieds demander votre cœur :
Et que prenant pour lui le trouble & les allarmes,
Son amour contre vous n'employoit que ses larmes ;
Alors...

HERSILIE.

Eh bien ! alors, l'ai-je vu d'un autre œil ?
Quel discours de mon rang a démenti l'orgueil ?
N'ai-je pas du mépris, soutenant le langage,
Toujours des mêmes noms appellé son outrage ?

SABINE.

De mépris, il est vrai, vous l'accablez toujours ;
Mais en secret vos pleurs démentent vos discours.
Tandis que vous semblez redouter sa présence,
Vos ennuis marquent seuls le tems de son absence.
Il n'entend que reproche, il ne voit que douleur.
Plus tranquille avec moi vous vantez sa valeur :
Et votre cœur charmé de son heureuse audace,
Cent fois l'a reconnu fils du Dieu de la Thrace.

HERSILIE.

J'admire sa valeur, mais je n'en hais pas moins...

SABINE.

De grace, épargnez-vous ces inutiles soins.
A mes yeux assidus tout trahit votre flâme.
Je n'ai que trop connu le trouble de votre ame,
Quand contre lui la guerre armant tous les Latins,
Il alla par la force assurer ses destins.
Dans quelle impatience & dans quelles allarmes

Votre cœur s'informoit du succès de ses armes !
Vous comptiez en tremblant ses nombreux ennemis.
HERSILIE.
Ah ! malgré les honneurs à ses travaux promis,
J'espérois que le ciel, ennemi du parjure,
Du sang des ravisseurs laveroit notre injure.
SABINE.
Non, ce n'étoit point là votre espoir le plus doux.
Vous n'avez laissé voir ni douleur ni courroux
Dans ce jour solemnel qui signala sa gloire.
La pompe qu'inventa l'orgueil de sa victoire,
Ce triomphe brillant ne fut point à vos yeux
De vos desirs trompés le spectacle odieux.
Des instrumens guerriers célébrans ses merveilles
Le son ne parut point offenser vos oreilles.
Ces taureaux couronnés, ces fleurs & cet encens,
Au Dieu qui les fit vaincre honneurs reconnoissans ;
Les armes des Latins encore ensanglantées
Par les mains des vainqueurs en opprobre portées ;
Ces soldats dont l'orgueil imprimé sur leur front
Publioit à l'envi leur gloire & notre affront ;
Ces captifs frémissans & de honte & de rage,
De leurs fers soulevés se couvrant le visage,
Craignans de laisser voir dans leurs yeux abattus
L'horreur d'être à la fois outragés & vaincus ;
Et Romulus enfin les Lauriers sur la tête,
Contemplant de son char les fruits de sa conquête,
Revêtu de la Pourpre, & le Sceptre à la main,
Promettant l'Univers à l'Empire Romain ;
Vous vîtes cette pompe avec un front paisible.
Voilà de votre amour le garant infaillible :
Et même le plaisir que vous fait ce discours
Ne vous a pas permis d'en arrêter le cours.
HERSILIE.
Cruelle ! avec quel art tu surprends ma tendresse !
Mon cœur ne t'a donc pu déguiser sa foiblesse ?

TRAGÉDIE.

Ciel ! en la découvrant, que tu me fais trembler !
Aux yeux de mon vainqueur l'aurai-je pu céler ?
Tes soupçons pénétrans redoublent mon courage.
Du dédain le plus fier empruntons le langage.
Romulus cherement va payer aujourd'hui
L'aveu que je te fais de mon amour pour lui.

SABINE.

Je ne m'étonne point que sans l'aveu d'un pere,
Vous n'osiez le flatter du bonheur de vous plaire :
Mais par de fiers dédains l'aigrissant chaque jour,
Pourquoi sous ce courroux lui cacher votre amour ?

HERSILIE.

Peux-tu le demander ? L'affront qu'il m'osa faire,
Sabine, n'a-t-il pas mérité ma colere ?
S'il est vrai que j'ai dû le haïr un moment,
Ma gloire exige encor le même sentiment.
J'en dois, du moins, j'en dois soutenir l'apparence,
De l'outrage toujours tirer cette vengeance.
Si je me relâchois sur ce que je me dois,
Bientôt plus foible encor... Mais c'est lui que je vois.

SCENE II.

ROMULUS, HERSILIE, SABINE, PROCULUS,

ALBIN, *qui se tient éloigné*

ROMULUS.

Madame, Romulus tremblant à votre approche,
Sait trop qu'il vient chercher la plainte & le reproche.
Depuis un an entier que je vois chaque jour
Votre haine pour moi croître avec mon amour,
Je devrois étouffer des feux que l'on déteste :
Mais, tel est sur mon cœur votre empire funeste,
Que toujours plus épris, quoique désespéré,
J'aime encore le trait dont je suis déchiré :
Je ne puis ni ne veux me priver de vos charmes.
Cet hymen refusé si long-tems à mes larmes
S'apprête dans le Temple, où j'irai malgré vous
Vous jurer à l'Autel tout l'amour d'un Époux.
Peut-être que l'Époux sera par sa constance
Ce que du tendre Amant n'a pu la déférence :
Et que plus juste un jour, plus sensible à mes vœux,
Vous me pardonnerez de m'être fait heureux.
J'ai, du moins, attendu l'aveu de la victoire.
Je vous devois, Madame, un Roi couvert de gloire.
Vous auriez trop souffert d'un hymen violent,
Qui ne vous eût donné qu'un Trône chancelant :
Mais, enfin aujourd'hui, quand ma flamme constante

TRAGÉDIE.

Vous offre avec transport une main triomphante,
Faut-il qu'un Roi vainqueur, un digne fils de Mars,
Ne puisse s'attirer un seul de vos regards ?

HERSILIE.

Tu n'es le Fils de Mars que par ta violence.
Eh ! quelle autre vertu nous prouve ta naissance ?
Avide de régner, tu t'es fait des sujets,
Dignes exécuteurs de tes sanglans projets :
D'esclaves fugitifs ton camp devient l'asyle ;
De brigands impunis tu formes une Ville,
Un peuple ravisseur, qui sans mœurs & sans Loix
Fait de la trahison le premier de ses droits.
Aux Filles des Latins, victimes du parjure,
D'un tyrannique hymen tu fais subir l'injure.
Encor cette injustice est-elle peu pour toi ;
Ta barbarie attente à la Fille d'un Roi :
Et las de respecter l'honneur du diadème,
Tu viens de ton hymen me menacer toi-même.
Est-ce donc, Romulus, à ces traits glorieux
Que tu fais reconnoitre un digne Fils des Dieux ?

ROMULUS.

Oui, du sang dont je sors tout vous rend témoignage.
De ce peuple nouveau j'ai formé le courage ;
Ces Citoyens traités d'esclaves, de brigands,
A l'Univers déjà montrent ses conquérans :
Dans le sang ennemi leurs taches sont lavées ;
Par mes heureux exploits ces ames élevées,
N'ont gardé de leurs mœurs que l'horreur du repos ;
Et par moi la victoire en a fait des Héros.
Pour ces braves Guerriers ma juste confiance
Croyoit de mes voisins mériter l'alliance ;
Je la fis demander, Madame : & j'en reçus
Pour prix de mes égards d'injurieux refus.
Qu'ils ouvrent un asyle à des femmes perdues ;
A de pareils époux ces épouses sont dûes,
Dirent-ils. De l'affront nous nous sommes vengés.

Que nous reprochez-vous ? Nous étions outragés.
Quelle vengeance encor, d'avoir contraint leurs
 filles
De donner la naissance à d'augustes familles ;
Et de les forcer d'être, en subissant nos Loix,
Meres d'un peuple né pour commander aux Rois !
Mais, de ce sort commun songez quelle tendresse,
Quel respect a toujours distingué ma Princesse.
Mes sujets sont heureux. Déja depuis long-tems
Ils ont de leur hymen recueilli les présens ;
Tandis que languissant, presque sans espérance,
Je voulois vous devoir à ma persévérance :
Maitresse en mon Palais, vous exerciez mes droits,
Romulus y sembloit respirer sous vos Loix.
Vous savez que ma flamme à la plainte réduite,
N'a pris de sureté que contre votre fuite :
J'opposois constamment la priere au courroux,
Heureux, si j'avois pu vous obtenir de vous.

HERSILIE.

Il falloit m'obtenir non de moi, mais d'un pere ;
Par tes soumissions désarmer sa colere :
Il falloit, pour me faire oublier tes rigueurs,
Montrer plus de vertus, & perdre moins de pleurs.

ROMULUS.

Eh ! Madame, ai-je rien oublié pour vous plaire ?
Ce que vous commandez, vous me l'avez vu faire.
Par mes Ambassadeurs j'ai cherché Tatius ;
Il les a, sans les voir, chargés de ses refus.
Avant que de prêter l'oreille à ma demande,
Il veut revoir sa fille, il veut que je vous rende.
Moi, j'irois imprudent vous remettre en ses mains !
Qu'il ne l'espere pas ; je vois trop ses desseins :
Peut-être un autre hymen pressé par la vengeance
Me raviroit bientôt un reste d'espérance ;

TRAGÉDIE. 15.

Peut-être qu'un rival ici trop-regretté
Jouiroit dans vos bras de ma crédulité ;
Et moi je sentirois mon ame déchirée
De l'affreux désespoir de vous avoir livrée !
Non, je le dis encor : je ne vous perdrai pas.
Votre main sans le cœur a pour moi peu d'appas :
Mais ce bien, tel qu'il est, laisse encore à ma flâme
Quelqu'espoir de chasser le mépris de votre ame.
Malheureux aujourd'hui, peut-être quelque jour
Le prix qui m'étoit dû payera mon amour.

HERSILIE.

Eh bien ! jusqu'à ce point si ton amour me brave,
Je ne vois qu'un tyran, où je ne suis qu'esclave.

(*A Sabine.*)

Viens, suis-moi, je succombe à mon mortel ennui ;
Sabine, en l'outrageant, j'ai souffert plus que lui.

SCENE III.
ROMULUS, PROCULUS, ALBIN, *éloigné.*

ROMULUS.

Suis ses pas, Proculus; calme, s'il est possible,
Ce superbe courroux toujours plus inflexible.
C'est toi dont jusqu'ici la prudente amitié
S'efforce pour mes feux d'obtenir sa pitié.
Tu n'as pu réussir; mais qu'aujourd'hui le zele
Ajoute à tes raisons une force nouvelle;
De tes soins redoublés prête-moi le secours :
Va, parle, persuade; il y va de mes jours.

PROCULUS.

Sans employer, Seigneur, ma prudence inutile,
Triomphez, triomphez de cet amour servile.
Par un autre conseil je croirois vous trahir.
Vous voyez qu'elle met sa gloire à vous haïr.
Irez-vous donc former cette affreuse alliance,
Où vous assembleriez l'amour & la vengeance ?
Où la Princesse en pleurs entraînée à l'Autel
Recevroit votre foi comme le coup mortel ?
Eh ! sont-ce-là les soins d'un Maître de la terre ?
Livrez-vous à l'amour un cœur fait pour la guerre ?
Et voulez-vous laisser à ces lâches chagrins
Interrompre le cours de vos nobles destins ?
Allez, Seigneur, allez achever ces miracles,
Qu'à vos heureux exploits ont promis tant d'Oracles;
Allez voir à vos pieds s'humilier les Rois;
Leurs filles à l'envi brigueront votre choix :

TRAGÉDIE.

Et ce n'est qu'à ce prix que la gloire jalouse
Permet à Romulus de choisir une Épouse.

ROMULUS.

Que veux tu, Proculus? Je ne sens que trop bien,
Que tant d'amour dégrade un cœur tel que le mien:
Mais, je ne puis enfin vivre sans Hersilie.
Il faut qu'un prompt hymen à mes destins la lie.
C'en est fait. Je prétends l'y forcer dès ce jour:
Et c'est de sa vertu que j'attends son amour.
Nous l'avons éprouvé ; ces Sabines ravies,
Gémissantes d'abord de se voir asservies,
Depuis qu'un nœud sacré les unit aux Romains,
Ont partagé leur flamme, adopté leurs desseins,
Ne connoissent près d'eux ni parens ni patrie,
Et pour leurs Ravisseurs sacrifieroient leur vie.
D'un semblable bonheur je flatte mon espoir.
Elle attend pour m'aimer que ce soit son devoir.
Je vais donc à l'Autel m'assurer ma conquête.
Toi, cours la préparer à l'hymen qui s'apprête.

SCENE IV.
PROCULUS, ALBIN.
PROCULUS.

Tu le résous en vain ; non, avant mon trépas,
Cet odieux hymen ne s'achevera pas.

ALBIN.

Que dites-vous, Seigneur ? Pardonnez ma surprise.
Quoi! c'est vous qui du Roi combattez l'entreprise?
Vous que j'ai vu si prompt à servir ses desseins,
Son ami le plus cher entre tous les Romains!

PROCULUS.

Cesse de t'étonner ; connois toute mon ame.
Romulus s'abandonne au transport qui l'enflâme ;
Tu vois à quel excès il s'emporte aujourd'hui :
J'aime Hersilie encor mille fois plus que lui.

ALBIN.

Éloigné de ces lieux j'ignorois...

PROCULUS.

       Ton absence
Ne t'a point, cher Albin, ravi ma confiance.
J'étois impatient d'exposer à tes yeux
Les projets d'un Amant & d'un ambitieux.
Si je deviens ingrat, je suis forcé de l'être :
L'amitié n'est plus rien où l'amour est le maitre.
Je n'ai point fait mon sort. L'imprudent Romulus
Lui-même dans le piége a jetté Proculus.
C'est lui qui me pressant de servir sa tendresse,
Cent fois pour mon malheur m'a fait voir la Princesse.
Mon cœur, en la voyant, se laissoit pénétrer
Des sentimens qu'en vain je tâchois d'inspirer ;
En parlant pour le Roi, je m'enflammois moi-même :
Et quand je l'apperçus, le mal étoit extrême.
Il fallut me livrer à cet amour fatal ;
Romulus à mes yeux ne fut plus qu'un Rival ;
Et depuis ce moment, sa gloire, sa puissance,
Sa valeur, ses vertus me tinrent lieu d'offense :
J'en redoutois le charme ; & mon cœur allarmé
Ne lui pardonna pas de pouvoir être aimé.
Je méditai sa perte ; & ma haine prudente
Tenta de nos Romains l'humeur indépendante.
En secret contre lui des premiers Sénateurs
Par des soupçons adroits j'empoisonnai les cœurs.
Je fis à leur orgueil craindre sa tyrannie.
Je rappellai ce jour où son frere sans vie,
Sur nos remparts naissans signala son courroux,
Prémices des fureurs qui nous menaçoient tous.

TRAGÉDIE.

Ils ont pris contre lui la haine qui m'anime,
Impatiens du tems de frapper leur victime.
Je sais qu'après ce coup l'estime des Romains
Ne laissera passer le Sceptre qu'en mes mains ;
Ainsi je vais, Albin, par la mort d'un seul homme,
M'assurer à la fois d'Hersilie & de Rome.

ALBIN.
Puisse de vos desseins le succès...

PROCULUS.
        J'ai fait plus.
Par de secrets avis j'appelle Tatius.
De sa fille en ces lieux le perfide esclavage
Depuis long-tems l'anime à venger cet outrage.
Je sais qu'il a sans bruit assemblé ses soldats.
La nuit & le secret guident ici leurs pas.
De Rome, où je l'attends, une porte livrée
Promet à son audace une gloire assurée ;
Il reprendra sa fille au ravisseur surpris :
Et de mes soins, sans doute, elle sera le prix.

ALBIN.
Cependant dès ce jour si le Roi vous l'enleve ;
S'il faut malgré vos soins que son hymen s'acheve...

PROCULUS.
J'ai tout prévu. Le Prêtre est un des conjurés.
Murena, disposant des auspices sacrés,
Si Romulus s'obstine à cet hymen funeste,
Fera gronder sur lui la colere céleste :
Et plutôt qu'il m'enleve Hersilie aujourd'hui,
Il périra, dussai-je expirer avec lui.
Mais que nous veut Tullus ?

SCENE V.
PROCULUS, ALBIN, TULLUS.
TULLUS.

Seigneur, Rome est surprise.
J'ignore quel perfide a servi l'entreprise :
Mais, déjà Tatius, maître du champ de Mars,
Fait jusques dans nos murs flotter ses étendards.
Une porte de Rome, à ses troupes ouverte,
Le laisse sans obstacle assurer notre perte.
Tandis qu'on court par-tout rassembler le soldat,
Romulus, presque seul, soutient tout le combat.
Venez de ce Héros seconder la vaillance :
Nos troupes sur vos pas volent à sa défense.

PROCULUS.

Ne perdons pas de tems : courons le secourir.

(A part.)

Faut-il que mon bonheur soit de le voir périr !

Fin du premier Acte.

ACTE II.

SCENE PREMIERE.
HERSILIE, SABINE.

HERSILIE.

Dieux! Quel événement! Princesse déplorable,
Quels vœux peux-tu former dans l'effroi qui t'accable!
Tatius est dans Rome, & les Dieux inhumains
Ont mis enfin mon pere & mon Amant aux mains.
A ce double péril mon courage succombe.
Je crains que sous le fer l'un ou l'autre ne tombe;
Dans leur fureur sans doute ils vont seuls se chercher.
Pourquoi de ce Palais ne puis-je m'arracher?
Pourquoi dans les horreurs dont je me sens frappée,
Ne puis-je aller offrir mon sein à leur épée;
Au nom de leur amour retenir leur courroux,
Ou moi-même du moins expirer sous leurs coups!
Que vais-je devenir? De cette incertitude
Je ne puis plus long-tems souffrir l'inquiétude.
Ne vient-on point encor? Je pense au moindre bruit
Qu'on m'annonce les maux dont la crainte me suit;
L'esprit déjà frappé d'une perte cruelle,
Mon oreille en croit même entendre la nouvelle.

SABINE.

Quelques maux que ce jour vous fasse envisager,

Dans ce trouble mortel devez-vous vous plonger ?
Je ne vous connois plus à ce désordre extrême.

HERSILIE.

Peux-tu t'en étonner, quand je t'ai dit que j'aime ?

SABINE.

De ce fatal amour votre cœur agité,
N'en pourra-t-il sauver un peu de fermeté ?
Faites de votre flamme un noble sacrifice ;
Laissez ici des Dieux décider la justice :
Et de vos Ravisseurs souffrez le châtiment.

HERSILIE.

Tu me présages donc la mort de mon Amant !
Tu veux à mon esprit, rappellant son parjure,
Me préparer à voir son trépas sans murmure.
Tu sembles contre lui solliciter les Dieux.
Quoi ! Sabine, est-il donc bien injuste à tes yeux ?
Long-tems, ainsi que toi, j'en ai jugé moi-même ;
Je ne l'ai bien connu que depuis que je l'aime :
L'intérêt que mon cœur prend à l'étudier,
M'a déjà trop instruite à le justifier.
Crois-moi ; c'est un Héros magnanime, équitable,
Que la nécessité seule a rendu coupable ;
Et qui, comme les Dieux, forcé dans ses moyens,
Ne s'est permis les maux que pour de plus grands biens.
N'appelle point sur lui la céleste colere.
Mais, s'il ne périt point, que deviendra mon pere ?
Pardonne, Tatius ; je frémis d'y penser !
Entre quelqu'autre & toi puis-je donc balancer !
Autant qu'à la nature à l'amour asservie,
Je tremble également pour l'une & l'autre vie :
Et sans voir de quels maux j'aurai plus à souffrir,
Quelque coup qui me frappe, il en faudra mourir.

SABINE.

Ciel! à quel point pour lui l'amour vous intéresse!
J'ai cru de votre cœur pénétrer la tendresse :
Mais, je n'en avois pas découvert tout l'excès.

HERSILIE.

Moi-même qui le sens, je le méconnoissois.
Il faut voir son Amant dans un péril extrême,
Toucher à son trépas, pour savoir comme on aime.
Tout m'annonce aujourd'hui la mort de Romulus.
Quand il échapperoit aux coups de Tatius,
Ne vois-tu pas qu'il est environné de traitres ?
Ceux qui l'osent trahir, de ses jours sont les maitres.
On a servi mon pere ; on l'appelle en ces lieux ;
De ses efforts pour moi je rends graces aux Dieux ;
Mais je ne voudrois pas que des sujets perfides,
De mon pere dans Rome eussent été les guides.
Je crains pour Romulus une infidelle main :
Peut-être il va tomber sous les coups d'un Romain.
Je vois de toutes parts armés pour le surprendre,
Et ceux qu'il va combattre, & ceux qu'il va défen-
  dre ;
La trahison le suit dans l'horreur du combat ;
Eh! que peut la valeur contre l'assassinat ?

SABINE.

Pourquoi de votre crainte écoutant les présages,
Vous plaire à rassembler de si tristes images ?

HERSILIE.

Tu vois à quel excès est enfin parvenu
Ce malheureux amour si long-tems retenu,
Cet amour jusqu'ici caché sous la colere,
Et que même à tes yeux je forçois de se taire.
Quand tu m'as arraché l'aveu de mon tourment,
De mes plaintes au moins souffre l'épanchement ;
C'est la premiere fois que libre en mes allarmes,

Mes yeux sans se contraindre ont joui de leurs larmes;
Mais, Sabine, n'en crains rien d'indigne de moi:
Je sais ce qu'à son rang doit la fille d'un Roi.
Toi seule de l'Amante as connu la foiblesse;
Pour tout autre témoin je ne suis que Princesse:
Et quoique le destin veuille me réserver,
Puisque je puis mourir, j'ai de quoi le braver.
SABINE.
On vient.

SCÉNE II.
HERSILIE, SABINE, TATIUS,
entrant avec des Gardes.

HERSILIE.
Ciel! c'est mon pere! Où vous vois-je paroître?
Quoi! Rome en vous, Seigneur, connoîtroit-elle
    un Maître?
TATIUS.
Non, le destin me traite avec plus de rigueur.
Tu ne vois qu'un captif & non pas un vainqueur.
Faut-il qu'en cet état ma fille me revoie:
Et que de l'embrasser je ne goûte la joie
Qu'en partageant ses fers que je venois briser!
A des projets si saints devois-tu t'opposer,
O ciel! & falloit-il, pour prix de mon courage,
Subir encore la honte ajoutée à l'outrage?
HERSILIE.
Dieux! vous avez donc mis le comble à nos mal-
    heurs!
TATIUS.

TRAGÉDIE.

TATIUS.

Console-toi, ma fille, & commande à tes pleurs,
Malgré toute l'horreur de ce revers funeste,
Nous n'avons rien perdu ; notre vertu nous reste.
Dès le moment fatal que l'infidélité
Me fit loin de tes yeux pleurer ta liberté,
Je voulus perdre Rome : & , de sa violence,
Ma tendresse pour toi médita la vengeance.
Long-tems dans le secret j'en préparai les coups,
Je fis à la prudence obéir le courroux ;
Et j'attendois ce jour où dans Rome surprise,
Tout me marquoit l'instant de tenter l'entreprise.
Je l'ai fait ; le succès a trahi mon espoir ;
Mais enfin le succès n'étoit pas mon devoir ;
Et de quelque revers que je souffre l'injure,
Laissons rougir les Dieux, complices du parjure.

HERSILIE.

En de si grands malheurs je ne sais que pleurer.
Mon ame à ce revers n'a pu se préparer
Tout sembloit dans ces murs vous livrer la victoire :
Quel prodige a donc pu vous en ravir la gloire ?

TATIUS.

Jamais d'aucun dessein par la gloire conduit,
Tant de précautions n'ont préparé le fruit.
J'assemblois dès long-tems une nombreuse armée,
Qui par des soins secrets, en divers lieux formée,
Se répand dans les bois, où se couvrant le jour,
Elle marche la nuit de détour en détour.
Je n'ai de mes soldats réuni les cohortes,
Que lorsque de la ville ils ont touché les portes,
Je me les vois ouvrir à mon premier signal.
Ce jour devoit de Rome être le jour fatal.
Certes, si la valeur n'eût produit un miracle,
Vainqueur en ce palais, j'arrivois sans obstacle ;
Mais Romulus accourt, attiré par nos cris ;
Et du péril plutôt furieux que surpris,
Il s'empare du pont, en défend le passage.

B

Sous la grêle des traits s'affermit son courage :
De quelques-uns des miens les yeux épouvantés
Ont cru voir le Dieu Mars combattre à ses côtés.
Sous l'effort de son bras le plus ferme succombe ;
Rien ne peut l'ébranler : tout ce qu'il frappe tombe.
Ainsi lui seul de Rome il est long-tems l'appui,
Et donne aux siens le tems d'arriver jusqu'à lui.
Dès qu'il voit ses soldats voler à sa défense,
C'est peu de résister, dans nos rangs il s'élance ;
J'y répandois l'audace ; il y porte l'effroi :
Je le cherchois lui seul ; il ne cherchoit que moi :
Et volant à travers le sang & le carnage,
Tous deux nous nous faisions l'un à l'autre un passage.
Je le joins : mais le fer qui se brise en mes mains
Me livre sans défense au pouvoir des Romains.
Arrêtez, a-t-il dit ; calmez votre furie,
Soldats de Tatius, il y va de sa vie.
Vous, Romains, suspendez d'inutiles exploits :
Il est en mon pouvoir, nous réglerons nos droits.
Il dit. Le combat cesse. Une Garde Romaine
Jusques dans ce palais par son ordre m'amène.
Le sort nous a trompés, ma fille ; c'est à nous
D'opposer aujourd'hui la constance à ses coups.
Aux yeux enorgueillis de ce vainqueur injuste,
Rendons, par la vertu, le malheur même auguste.

HERSILIE.

Ces haches, ces faisceaux nous annoncent le Roi.

TATIUS.

Que l'aspect d'un vainqueur est terrible pour moi !

SCENE III.

HERSILIE, SABINE, TATIUS, ROMULUS.

ROMULUS.

JE n'abuserai pas, Seigneur, de ma victoire:
Mon respect à vos pieds en dépose la gloire;
Et quoiqu'entre mes mains le sort vous ait remis,
Je m'offre à vos regards moins en vainqueur qu'en fils.
Je ne demande point que Tatius me nomme
Ceux dont la perfidie osoit lui livrer Rome;
Il ne tiendra qu'à lui que de cet attentat
Ne naisse le bonheur de l'un & l'autre État;
Que ce jour, de mes vœux comblant l'impatience,
Ne forme des deux Rois l'éternelle alliance.
Oui, ce bien que déjà je devrois posséder,
Que mes Ambassadeurs alloient vous demander,
Ces charmes qu'à vos yeux vous voyez que j'adore,
Vainqueur & suppliant, je les demande encore.
Depuis un an, Seigneur, retenue en ces lieux,
Ils ne lui montrent point un Maître impérieux;
C'est un Amant soumis qui l'y retient captive,
Qui ne veut point la perdre, & qui pourtant s'en prive;
Qui pour se rendre heureux, attendant ses arrêts,
Respectoit encor moins son rang que ses attraits.
Malgré tant de soupirs, toujours plus inhumaine,
Mes soins n'ont obtenu que colere & que haine:
D'inflexibles dédains sont jusques à ce jour
Les seuls fruits qu'ait encor recueillis mon amour.

Mais, prononcez un mot, je cesse de déplaire.
Mon crime est effacé, si je fléchis son pere.
Sa vertu m'en répond ; & votre aveu, Seigneur,
En me donnant sa main, va me donner son cœur.

TATIUS.

Tu pourrois t'épargner ces déférences vaines.
Que me demandes-tu, quand je suis dans tes chaines ?
Si tu crois de vainqueur avoir acquis les droits,
Pourquoi nous consulter ? nous sommes sous tes loix.
De tes soumissions la frivole apparence
Ne m'en laisse pas moins sentir ta violence.
Tu me retiens ma fille, en me la demandant !
Que puis-je prononcer, où je suis dépendant ?
Si dans ses sentimens Romulus est sincere,
Qu'il me laisse les droits de Monarque & de Pere ;
Que de ma fille enfin je puisse disposer,
Et l'accorder en Maitre, ou bien la refuser.
Consens qu'à mes sujets l'un & l'autre on nous rende ;
Je pourrai dans mon camp recevoir ta demande ;
C'est-là que je verrai si de ta trahison
Je dois par ton hymen prononcer le pardon.

ROMULUS.

Eh bien ! si mon amour, que je suis prêt d'en croire,
Me dépouille aujourd'hui des droits de la victoire,
Jurez-moi donc qu'après cet effort généreux,
Un aveu solemnel couronnera mes feux.

TATIUS.

Non, je ne jure rien. Ne crois pas que ma crainte
D'aucun engagement accepte la contrainte.
D'un aveu que je dois ne t'accorder qu'en Roi,
Tu voudrois qu'un serment me fit ici la loi ;
Et m'affranchir au prix de cette dépendance,
C'est me rendre à la fois & m'ôter ma puissance.

TRAGÉDIE.

Mais, quand par des sermens je pourrois me lier,
Toi qui sais les trahir, devrois-tu t'y fier ?

ROMULUS.

Ah ! je vois trop, Seigneur, ce qu'il faut que j'espere :
Ce reproche insultant d'un crime nécessaire,
Ce farouche dédain m'apprend trop qu'à vos yeux
Romulus est toujours un objet odieux.
Ne l'espérez donc plus ; ma timide tendresse
N'ira point en vos mains hazarder la Princesse ;
Et de vos fiers refus essuyant le danger,
M'exposer à l'horreur d'avoir à m'en venger.
Car, ce n'est pas la peur de perdre ma vengeance
Qui me conseille ici de prévenir l'offense :
Vous l'avez déja vu ; le destin des combats
Enchaine pour jamais la victoire à mes pas ;
Mille Oracles garants des volontés suprêmes,
Mon cœur que j'en crois plus que les Oracles mêmes,
Tout me dit qu'à mes coups rien ne doit résister :
Nous n'avons qu'à choisir qui nous voulons dompter.
Pour régir l'Univers l'ordre du ciel nous nomme ;
Un triomphe éternel est le destin de Rome :
Et nous devons toujours compter dans nos projets
Les Dieux pour alliés, & les Rois pour sujets.

TATIUS.

Arrête ; que te sert d'étaler ces miracles ?
Nous avons comme toi nos Dieux & nos Oracles.
Ils nous ont assuré tout ce qui t'est promis ;
L'Empire où tu prétends en nos mains est remis :
Et s'il faut que l'effet aux promesses réponde,
Nos loix doivent atteindre aux limites du monde.
Notre sort sur le tien peut encor l'emporter :
Et jusques dans tes fers, j'ose n'en pas douter.

ROMULUS.

De nos destins présens, du moins la différence
Ne nous doit pas laisser la même confiance.

B 3

Mais, laissons-là, Seigneur, des discours superflus:
Il n'est qu'un intérêt ici pour Romulus.
Vous voyez à quel point votre fille m'est chere;
Je mettois mon bonheur à l'obtenir d'un pere;
Mon respect vous faisoit l'arbitre de mes feux.
Mais enfin, au défaut d'un aveu généreux,
J'userai de mes droits; &, maître de ses charmes,
Je saurai m'assurer le prix de tant de larmes.
Mon triomphe sera son hymen; &, du moins,
Les yeux mêmes d'un pere en seront les témoins.

TATIUS.
A ce spectacle en vain tu voudrois me contraindre:
Puisqu'elle peut mourir, mes yeux n'ont rien à craindre.

ROMULUS.
Puisqu'elle peut mourir! L'osez-vous prononcer?
Un pere sans horreur a-t-il pu le penser?

TATIUS.
Ce n'est pas sans horreur aussi que je le pense;
Mais enfin, contre toi c'est sa seule défense:
Et du rang dont elle est, du sang dont elle sort,
L'affront que tu lui fais est l'arrêt de sa mort.

HERSILIE.
Votre attente, Seigneur, ne sera pas trompée.
D'une indigne contrainte autant que vous frappée...

ROMULUS.
Ah! cruels, arrêtez. Vous me glacez d'effroi.
Quoi! vouloir expirer plutôt que d'être à moi!
Hélas! de tant d'amour effet trop déplorable!
Je suis donc à vos yeux un monstre détestable?
Un hymen qui vous met mon diadême au front,
Est le dernier supplice, & le dernier affront?

(A Tatius.)
C'est vous qui la rendez encor plus inhumaine.
Vos superbes mépris ont redoublé sa haine.

TRAGÉDIE.

Jusqu'ici m'épargnant ce farouche transport,
Elle ne m'avoit point menacé de sa mort;
Ses dédains n'alloient point jusqu'à la barbarie;
Et vous avez changé sa colere en furie.
Eh bien! votre vainqueur embrasse vos genoux.
Au nom des Dieux, prenez des sentimens plus doux;
Ne désespérez pas un Amant qui, peut-être,
De ses fureurs bien-tôt ne seroit plus le maître.
Cette austere vertu n'est que férocité.
Prenez d'autres conseils de la nécessité.
Lorsque notre bonheur peut être votre ouvrage,
Voulez-vous ne causer que désespoir, que rage?
Songez-y bien, Seigneur; je vous laisse tous deux :
Nous serons tous par vous heureux ou malheureux.

SCENE IV.
TATIUS, HERSILIE, LES GARDES.

TATIUS.

MA fille, pour braver le sort qui nous outrage,
Je n'ai qu'en frémissant compté sur ton courage;
Mais, nés pour imposer, non pour suivre des loix,
Quoi qu'il en coûte, il faut vivre & mourir en Rois.
Oui, dussai-je éprouver toute sa tyrannie,
D'un triomphe insolent subir l'ignominie,
Tout ce barbare orgueil ne peut m'humilier :
Mon cœur sait tout souffrir, & ne sait point plier.

LE CHEF DES GARDES, à *Tatius*.

Non, Seigneur, tout captif que vous paroissez être,
Le ciel de votre sort vous laisse encor le maître.

TATIUS.

Comment ?

LE CHEF DES GARDES.

A vous servir ces Gardes sont tout prêts.
Commandez ; comptez-nous au rang de vos sujets.
Ce secours imprévu n'a rien qui vous étonne ;
Vous pénétrez assez quelle main vous le donne ;
Ceux qui vous ont servi, vous serviront toujours.
Mettez en sûreté votre gloire & vos jours.
Que prêt à vous venger votre camp vous revoie ;
Venez-y reporter & l'audace & la joie.
Votre fille, Seigneur, ne suivra point vos pas.
Des yeux trop surveillans ne le permettent pas ;
Mais, loin qu'aucun danger dans ces lieux la regarde,
L'amour même du Prince est sa fidelle garde :
Et quoi qu'il ose enfin, contre le ravisseur,
Elle aura le secours de plus d'un défenseur.

TATIUS.

Adieu, ma fille.

(*Aux Gardes*)

Allons.

LE CHEF DES GARDES, *à Hersilie.*

J'ose plus croire encore,
Madame : l'ennemi que votre cœur abhorre,
L'odieux Romulus n'est pas loin d'expirer.

HERSILIE.

Qu'entends-je ! il va périr ! Ciel ! daigne m'inspirer.

Fin du second Acte.

ACTE III.

SCENE PREMIERE.
ROMULUS, PROCULUS.

ROMULUS, *tenant un billet.*

Non, non, loin que du Roi la fuite m'inquiette,
J'ai même défendu qu'on troublât sa retraite.
Qu'il retourne dans Cure, & qu'il laisse en repos
Des lieux où sa présence auroit aigri mes maux.
Peut-être, mieux instruit par son expérience,
Perdra-t-il désormais l'espoir de la vengeance ;
Et qu'après un courroux vainement écouté,
Il se laissera vaincre à la nécessité.
Mais, ami, ce qui seul allume ma colere,
C'est de la trahison l'audace téméraire.
Ce billet inconnu remis entre mes mains,
D'un complot sacrilége accuse les Romains.
Toi-même tu l'as lu, qu'ici la perfidie
Est prête d'éclater aux dépens de ma vie.
Se peut-il que, par moi comblés de tant d'honneurs,
L'ingratitude encor me refuse leurs cœurs !
Et lorsque sur leurs pas j'ai fixé la victoire,
Les traitres veulent-ils me punir de leur gloire ?

PROCULUS.

S'il est ici, Seigneur, de perfides sujets,
Il en est que le ciel oppose à leurs projets.

Il en est, comme moi, de qui l'ardeur fidelle
Aux dépens de leur sang vous prouvera son zele.
Si vous daignez toujours vous fier à ma foi,
Si vos bienfaits constans vous répondent de moi,
Recevez de ma main ces amis intrépides,
Dont l'aspect devant vous fera fuir les perfides :
Et que de tous vos pas compagnons assidus...

ROMULUS.

Je rends grace à tes soins ; mais crois-moi, Proculus,
Je dois de leurs complots braver la violence,
Et je ne veux contr'eux que ma seule présence.
Tel qui croit pour ce coup être sûr de sa main,
La sentiroit tremblante en approchant mon sein :
Et du moindre regard déconcertant son crime,
Du fer de l'assassin, j'en ferois ma victime.

PROCULUS.

Cette fiere assurance, & cet aspect divin
Ne vous défendroient pas contre un ferme assassin.
Rome en peut enfanter. Ce peuple est votre ouvrage ;
Vous avez corrigé leur farouche courage :
Mais, avant que sous vous on les vit triomphans,
Ils étoient à la fois généreux & méchans :
Leur intrépidité fut injuste & cruelle.
A leurs premieres mœurs le repos les rappelle ;
La victoire pour eux doit tenir lieu des loix :
Pour les sauver du crime, il leur faut des exploits.
Allez ; & bannissant l'amour qui nous arrête,
Conduisez les Romains de conquête en conquête ;
Occupez-les à vaincre : & loin de conspirer,
Comme le Dieu de Rome, ils vont vous adorer.

ROMULUS.

Quoi ! toujours à tes yeux ma flamme inexcusable....

PROCULUS.

Seigneur, c'est de vos maux la source déplorable :

TRAGÉDIE.

Car, à quoi songeons-nous d'accuser les Romains ?
Si l'on trame en ces lieux de perfides desseins,
N'en accusez, Seigneur, que la fiere Hersilie.
Par vous depuis long-tems sa haine enorgueillie,
Souveraine en ces lieux, s'y faisoit obéir ;
Et vous l'enhardissiez vous-même à vous trahir.
De tant de vains respects l'imprudente constance
Ne vous en promettoit que cette récompense.
A sauver Tatius quel autre eût réussi ?
Elle-même eût pu fuir ; & ne demeure ici
Que pour y consommer l'entreprise infidelle ;
Car dès que l'on conspire, on conspire pour elle ;
Et hâtant ses complots, contre vous préparés,
Elle seule est ici le Chef des conjurés.
Renvoyez-la, Seigneur.

ROMULUS.

Je devrois m'y contraindre ;
Mais, Proculus, mon cœur l'aime trop pour la craindre ;
Et dût par mon trépas éclater son courroux,
Je redoute sa haine, & ne crains pas ses coups.
En ces lieux dans l'instant l'ingrate va se rendre.
Je l'ai fait avertir que j'y venois l'attendre.
Ce funeste billet suffit pour l'étonner ;
Son trouble m'apprendra s'il la faut soupçonner.
Elle vient ; laisse-nous.

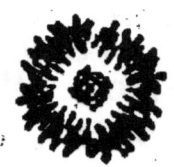

SCENE II.
ROMULUS, HERSILIE, SABINE.
HERSILIE, à part.

IL faut encor me taire.
De ce billet, sur-tout, cachons-lui le mystere :
Qu'il ignore toujours qu'il me doit cet avis.

ROMULUS.
Madame, vos desseins ont été bien servis.
D'un pere malheureux vous plaigniez l'esclavage :
Et son éloignement, sans doute, est votre ouvrage.
Je ne m'en plaindrai point ; & pour sa sûreté,
Vous m'avez pu trahir sans infidélité.
Je m'étonne plutôt que vous croyant esclave
Dans la Cour d'un Amant que votre haine brave,
Cherchant plus mes malheurs que votre liberté,
Pour sortir de mes mains vous n'ayez tout tenté.
Mais étoit-ce trop peu pour la fiere Hersilie ?
Madame, falloit-il attenter à ma vie ?
Et dans vos vœux cruels à me perdre attachés
Passer tous les excès que vous me reprochez ?

HERSILIE
De quoi m'accuses-tu ?

ROMULUS, lui donnant le billet.
Lisez, lisez, Madame.

HERSILIE
Je vois qu'on t'avertit d'une perfide trame.
On en veut à tes jours. Est-ce à moi d'en trembler ?
Pourquoi de ce péril penses-tu me troubler ?

(*A part.*)
Tu n'en frémis que trop, malheureuse Princesse.

TRAGÉDIE.

ROMULUS.

Je sais trop qu'Hersilie à ma mort s'intéresse ;
Qu'aux dépens de mes jours son inflexible cœur
Brûle de s'affranchir d'une odieuse ardeur :
Mais, Madame, étoit-il d'une ame magnanime
De choisir mes sujets pour frapper la victime ?
D'employer de vos yeux les dangereux appas,
Pour armer contre moi de parricides bras ?
Eh ! qu'étoit-il besoin d'armer la perfidie ?
N'êtes-vous pas toujours maîtresse de ma vie ?
Prêt à subir l'arrêt, je vous ouvre mon sein.
Pour me perdre il ne faut que votre seule main :
Je ne sais contre vous employer de défense,
Que cette même ardeur qui vous tient lieu d'offense.
Si, toujours obstinée en vos premiers mépris,
Vous croyez à mes feux ne devoir que ce prix ;
Si mes ardens soupirs, si les plus tendres larmes,
Si mon amour nourri de troubles & d'allarmes,
Toujours respectueux jusques dans sa fureur,
De mon crime n'a pu diminuer l'horreur,
La victime à vos coups ne s'est point échappée :
Frappez ; voilà mon cœur, & voici mon épée...

HERSILIE.

Arrête, Romulus, tu ne me connois pas.
Non, mon cœur n'est point fait pour de tels attentats.
Te sied-t-il d'ignorer qu'une ame magnanime
Ne sait point se venger du crime par le crime ?
Pourquoi m'accuses-tu ? Puis-je te pardonner
De prétendre à me plaire & de me soupçonner ?
Et que d'un lâche amour ton ame possédée,
Conçoive encor de moi cette outrageante idée ?
Non, ce n'est, Romulus, qu'au sein de tes sujets
Que peuvent s'enfanter ces perfides projets.
Elevés dans les fers ou dans le brigandage,
Ils ont des trahisons fait leur apprentissage ;

A ces cœurs criminels commettant tes destins,
Tu t'es environné toi-même d'assassins.
Tu croyois que marqués du sceau de la victoire,
Ils ne respiroient plus que l'honneur & la gloire ;
Mais, tu dois les connoître à ces lâches complots :
Tous les Romains encor ne sont pas des héros.

ROMULUS.

Madame, si je n'ai que mes sujets à craindre,
Les Dieux les confondront : mon sort n'est point à plaindre.
A de si noirs projets tout le ciel opposé....

HERSILIE.

Crois-tu le ciel si juste ? il t'a favorisé ;
Il nous a de tes fers laissé subir l'outrage ;
Il a contre mon pere exaucé ton courage ;
Et de ma liberté me plaignant la douceur,
Il me retient toujours aux mains d'un ravisseur.
Car, de quel autre nom veux-tu que je t'appelle ?
Quand tu peux réparer une injure mortelle,
Quand par ce noble effort tu peux te signaler,
Tu te fais un plaisir de la renouveller.
Tu veux être un héros ; tu te vantes d'en faire ;
Mais en connois-tu bien l'auguste caractere ?
Sais-tu que ce grand nom demande dans un cœur
Des vertus au-dessus même de la valeur ;
La magnanimité, la noble confiance ?
Oui, si de Tatius tu cherchois l'alliance,
Pour vaincre son courroux ensemble & mes dédains,
Généreux, il falloit me remettre en ses mains ;
De ton crime effacer jusqu'à la moindre trace,
Et lui faire l'honneur d'en attendre ta grace.
Voilà d'un vrai héros les dignes mouvemens.

ROMULUS.

Oui ; mais vous ignorez les frayeurs des amans.
J'ai tremblé de vous perdre ; & l'extrême tendresse
Ne sait point hazarder l'objet qui l'intéresse.

TRAGÉDIE. 39

J'ai d'un pere irrité craint le dépit fatal.
J'ai craint sur votre cœur le pouvoir d'un rival ;
Car enfin, ce n'est pas la seule indifférence,
Qui de votre fierté fait la persévérance.
C'est par un autre amour que le mien est trahi ;
Si vous n'aimiez ailleurs, je serois moins haï.
Non, vous ne me fuiriez que pour en suivre un autre.
Devois-je, en immolant ma tendresse à la vôtre,
Moi-même, contre moi servant votre rigueur,
Vous mettre en liberté de me percer le cœur ;
M'exposer à vous voir, avec l'aveu d'un pere,
Dans les bras d'un rival défier ma colere ?
J'en frémis : mais enfin, si cet hymen affreux
Au dernier désespoir eût condamné mes feux,
Quel déluge de sang, quel horrible carnage
De ma flamme trahie eût expié l'outrage !
Tout ce qui vous est cher eût tombé sous mes coups ;
Vous m'auriez vu percer & le pere & l'époux ;
A peine en ma fureur respecter ce que j'aime ;
Ne vous sauver de moi qu'en me frappant moi-même :
Mais du moins en mourant, jouir de vos regrets,
Et m'applaudir des maux que je vous aurois faits.

SCENE III.
HERSILIE, ROMULUS, TULLUS.

TULLUS.

Venez, venez, Seigneur ; le péril, le tems presse.
Des Sabins étonnés la soudaine allégresse,
Nous a dit qu'en son camp Tatius est rentré.
Par des cris menaçans son retour célébré
A de vos légions irrité le courage.
Tatius pénétré de douleur & de rage
De vous avoir tantôt attaqué vainement,
Enflamme ses guerriers de son ressentiment.
Prêts à fondre sur nous, leurs armes étincelent :
Et le fer à la main, vos soldats vous appellent.

ROMULUS.

Vous le voyez, Madame, il faut vous conquérir :
Le sort va prononcer : je vais vaincre ou périr.

HERSILIE.

Quoi! barbare!...

ROMULUS.

        Je cours où m'appelle la gloire.
Qu'un seul jour soit deux fois marqué par la victoire.
Madame, cet amour tant prouvé par mes pleurs,
Je vais vous le prouver encor par mes fureurs.

TRAGÉDIE.

SCENE IV.
HERSILIE, SABINE.

HERSILIE.

Sabine, conçois-tu combien je suis à plaindre ?
Aurai-je donc toujours tous les malheurs à craindre !
Faut-il par mes frayeurs compter tous les instans :
Et mourir tant de fois sous les coups que j'attends !

SABINE.

Qui pourroit de vos maux calmer la violence ?
De mes foibles conseils je connois l'impuissance,
Madame ; & je ne puis sous de si rudes coups
Que sentir vos douleurs & pleurer avec vous.

HERSILIE.

Vois jusqu'où des amans va l'ardeur insensée :
Admire où mon amour attache ma pensée.
Au milieu des malheurs prêts à fondre sur moi,
Quand dès ce même jour, mon cœur glacé d'effroi,
D'un pere ou d'un amant voit la perte certaine,
L'injure d'un ingrat met le comble à ma peine.
Sur cet avis secret que je lui fais donner,
C'est moi seule, c'est moi qu'il ose soupçonner !
O ciel ! que j'ai souffert de l'erreur qui l'abuse !
C'est moi qui l'avertis, & c'est moi qu'il accuse !
De quels traits ce reproche a-t-il percé mon cœur ?
Tu n'en saurois, Sabine, imaginer l'horreur.
Je me trouvois cruelle, en écoutant sa plainte,
D'avoir à ses regards si bien caché ma feinte,
Qu'il pût me soupçonner de vouloir son trépas.
Dans ce trouble mortel, je ne le cele pas,
Prête plus d'une fois à me trahir moi-même,
Mon secret m'échappoit ; j'allois dire que j'aime ;

Et si je n'ai rien dit, par ce pénible effort,
Sabine, j'ai plus fait que me donner la mort.
SABINE.
Combien ai-je admiré ce généreux silence !
Je n'en attendois pas l'héroïque constance ;
Car, après cet avis que le soin de ses jours....
HERSILIE.
Eh! lui pouvois-je, hélas ! refuser ce secours ?
Quand on jure sa mort, quand on veut qu'il périsse,
C'est à moi qu'on en croit faire le sacrifice !
On m'annonce le coup dont il doit expirer,
Comme le seul bonheur où je puisse aspirer !
Cette haine apparente où je me suis forcée,
Ce reproche éternel de ma gloire offensée,
M'attiroient malgré moi ce sacrilége appui ;
Et j'aiguisois le fer qu'on a levé sur lui.
Devois-je en ce péril négliger ce que j'aime ?
Sabine, c'eût été l'assassiner moi-même.
Peut-être que ce jour va décider mon sort.
De mon pere vaincu s'il éclaire la mort,
Tu verras dans l'instant sa fille infortunée,
Compagne de son ombre & de sa destinée :
Mais toi, de mon amant, car j'ose le prévoir,
Quand je ne serai plus, calme le désespoir.
Dis-lui que je l'aimois ; & que toute ma peine
Étoit, en l'adorant, de lui devoir ma haine :
Que je me suis sauvée, en m'arrachant le jour,
Des conseils dangereux que m'eût donnés l'amour.
SABINE.
Tullus paroit.

SCENE V.
HERSILIE, SABINE, TULLUS.
HERSILIE.

EH bien ! que venez-vous m'apprendre ?
TULLUS.
Ce que, sans en frémir, vous ne pourrez entendre.
HERSILIE.
Ciel !
TULLUS.
Déja la Discorde avoit du choc fatal
Donné dans les deux camps l'effroyable signal ;
Déja pleuvoient les traits ; déja de sang trempées
Étinceloient par-tout les cruelles épées :
Un plus affreux spectacle a frappé nos regards.
Le trouble dans les yeux, & les cheveux épars,
Les femmes des Romains de fureur enflammées,
Accourent se jetter entre les deux armées.
Leur furie intrépide offre au glaive inhumain
Leurs enfans effrayés, renversés sur leur sein.
Nous sommes à la fois Sabines & Romaines,
Disent-elles ; sur nous assouvissez vos haines ;
Et venez massacrer entre nos bras sanglans,
Vous, Sabins, vos neveux ; vous, Romains, vos enfans.
Sans respecter les noms & de fille & de femme,
Par pitié, de nos jours osez trancher la trame ;
Plus heureuses cent fois d'expirer sous vos coups,
Que de voir égorger le pere par l'époux.
A ces clameurs succede un silence stupide.
Nous désavouons tous ce combat parricide.
Immobiles d'horreur, de frayeur éperdus,
Nos coups prêts à tomber demeurent suspendus.

ROMULUS,

HERSILIE.
Des deux peuples ainsi la haine est assoupie ?

TULLUS.
Cessez, dit Tatius, cette bataille impie.
Ces femmes font tomber les armes de vos mains ;
Et déjà mes soldats sont devenus Romains.
Mais, du moins, Romulus à sa gloire fidele,
Voudra bien avec moi terminer la querelle.
Sans prodiguer pour eux tant de sang étranger,
C'est ainsi que les Rois devroient seuls se venger ;
Et cherchant sans secours une victoire pure,
Eux-mêmes se suffire à venger leur injure.
Romulus est jaloux d'un exemple si grand.
Chacun de ce traité frémit en l'admirant.
Les deux peuples amis s'embrassent, s'attendrissent,
S'appellent en pleurant des noms qui les unissent :
Tandis que du combat on va voir les deux Rois
Sur les autels des Dieux se prescrire les loix.

HERSILIE.
O succès qui me tue ! accord impitoyable !
Dieux ! ce traité funeste est-il irrévocable ?
A qui m'adresserai-je ? où dois-je recourir ?

(*A Sabine.*)

Viens ; & voyons enfin s'il faut vivre ou mourir.

Fin du troisieme Acte.

ACTE IV.

SCENE PREMIERE.
PROCULUS, MURENA.
On apporte un Autel dans le Palais.

PROCULUS.

OUI, Romulus ici t'ordonne de l'attendre;
Avec son ennemi lui-même va s'y rendre;
Et c'est à cet autel que, pleins de leur fureur,
Les Rois de leur combat vont consacrer l'horreur.
A la face des Dieux & de leurs peuples mêmes,
Ils vont nous déclarer leurs volontés suprêmes;
De la Religion ils empruntent l'éclat,
Pour régler en tes mains les suites du combat.
Plaise aux Dieux, Murena, que ce jour soit funeste
Au superbe rival que mon amour déteste;
Et qu'au lieu d'un tyran, se choisissant un Roi,
Le peuple & le Sénat se déclarent pour moi.
Heureux, si revêtu de la pourpre Romaine,
Offrant avec mes vœux la grandeur souveraine,
Je puis enfin, pour prix des services rendus,
Demander Hersilie à l'heureux Tatius!
J'ai lieu de l'espérer; mais enfin s'il succombe,
Ne crois pas qu'avec lui mon espérance tombe.
Romulus de mes coups ne se sauvera pas:
Et ce jour confondra sa gloire & son trépas.

Pour rendre grace au ciel de son secours propice,
Au bois sacré de Mars j'apprête un sacrifice :
Le Prince ira l'offrir ; &, sans doute, à mes soins
Il remettra l'honneur d'en choisir les témoins.
C'en est assez, crois-en le transport qui m'anime ;
Lui seul du sacrifice il sera la victime.

MURENA.

Puissent bientôt mes yeux en être délivrés !
C'est à toi d'affermir le bras des conjurés.
Qu'ils frappent le tyran ; que rien ne les retienne ;
Egale, s'il se peut, leur fureur à la mienne :
Car tu sais, Proculus, avec quel désespoir
Je le vois toujours prêt d'usurper mon pouvoir ;
Que, sans mettre de borne aux droits du diadême,
Il prétend à son trône asservir l'autel même ;
Que l'impie à son rang subordonnant le mien,
De ministre des Dieux, m'ose faire le sien.
Qu'il périsse, sa mort ne peut être trop prompte ;
Ce tyran désormais ne vit qu'à notre honte.
Dans l'horreur du combat tantôt ne pouviez-vous....

PROCULUS.

J'ai pu plus d'une fois le percer de mes coups :
Mais, je te l'avouerai, sa valeur incroyable
Me le rendoit alors si grand, si respectable....
Tu l'aurois pris pour Mars dans sa noble fureur.
Soit admiration, soit remords, soit terreur,
A mes yeux éblouis ce héros intrépide
A semblé tout couvert de l'immortelle Égide ;
Et suspendant le coup dont il doit expirer,
Mon courage étonné n'a su que l'admirer.

MURENA.

Vain mouvement d'un cœur peu maître de lui-même,
Et qui mérite bien de perdre ce qu'il aime !

TRAGÉDIE.

Quand tu peux immoler un rival sans danger,
Tu laisses échapper le tems de t'en venger!
Ah! lorsqu'à de grands coups notre cœur s'intéresse,
Ces troubles incertains ne sont qu'une foiblesse.
Rien ne doit un instant distraire nos fureurs;
Une volonté pleine est le don des grands cœurs:
Et cette fermeté, ce courage suprême
Peut seul anoblir tout, & jusqu'au crime même.

PROCULUS.

Excuse, Murena, ce respect souverain
Qu'imprime la valeur dans l'ame d'un Romain.
Je réparerai bien ce moment de surprise.
Rien ne peut désormais reculer l'entreprise:
Et je veux que cent bras le frappant à la fois...
Mais on vient. Prends ta place: écoute les deux Rois.

SCENE II.
ROMULUS, TATIUS, PROCULUS, MURENA.
Troupe de Romains, Troupe de Sabins.

ROMULUS.

INVINCIBLES Romains, dont les armes fideles
Ont vengé jusqu'ici nos communes querelles,
Compagnons de ma gloire & son plus ferme appui,
Soyez-en seulement les témoins aujourd'hui.
Depuis que pour la paix, des épouses trop cheres
Ont reclamé les noms de maris & de peres,
Vous ne pouvez combattre ; & les nœuds les plus
  doux,
Hors Tatius & moi, nous ont réunis tous.
Ce Prince de sa fille a pleuré l'esclavage ;
C'est de moi qu'il attend raison de cet outrage.
Je vais le satisfaire ; & sur ce saint Autel
J'en prononce à vos yeux le serment solemnel.
Je connois mes destins ; mon pere & la victoire
De ce nouveau combat me reservent la gloire ;
Mais, si le sang des Dieux, les oracles, mon cœur
Abusoient mon espoir d'un augure trompeur,
Lasse de m'obéir, si la victoire change,
Si je succombe enfin, je défends qu'on me venge.
Puisse des Immortels l'éternelle rigueur
Perdre les ennemis de mon heureux vainqueur !
Tous les Romains pour chef doivent le reconnoître ;
Mon sang, s'il le répand, le déclare leur Maître.
Je ne méritois pas de vivre votre Roi,
Si ma mort vous en montre un plus digne que moi.
        A Murena.

TRAGÉDIE.

(A Murena.)
Ministre de nos Dieux, de ce traité sincere
Sois le sacré témoin, le saint dépositaire;
Accomplis, si je meurs, mes ordres absolus;
Et l'encens à la main, proclame Tatius.

TATIUS.

Faut-il que Romulus injuste & magnanime,
A la vertu suprême ait allié le crime!
Et que mon ennemi prêt à tout réparer,
Quand je dois le haïr, me force à l'admirer!
Non, je ne te hais plus, généreux adversaire:
Je poursuis la vengeance, & n'ai plus de colere.
Sabins, de ce combat juré sur les Autels,
Laissez avec respect juger les Immortels.
J'espere en mon courage & plus en leur justice:
Mais, quelqu'heureux succès qu'elle me garantisse,
D'un si brave ennemi quand je poursuis la mort,
Je lui dois bien l'honneur de douter de mon sort.
Si je meurs, si des Dieux tel est l'ordre suprême,
Le ciel le justifie, & je l'absous moi-même.
Songez, de ce combat quelqu'ait été l'effet,
Non qu'il m'aura vaincu, mais qu'il m'a satisfait.
Cette fidélité que vous m'avez jurée,
Que les plus grands périls n'ont jamais altérée,
Je la transmets entiere à cet auguste Roi,
Aussi sainte pour lui qu'elle l'étoit pour moi.
Maître de mes sujets, maître de ma famille,
Que triomphant du pere, il épouse la fille:
Qu'importe que son sang ou le mien soit versé?
Mon injure est lavée & son crime effacé.
De mes dernieres loix instruisez Hersilie:
Peuples, pressez l'hymen où mon ordre la lie:
Vous, Pontife, en formant ces liens aux Autels,
Attestez-en l'aveu des manes paternels.

ROMULUS.

Achevons donc, Seigneur, ce combat magnanime;

D'où la haine est bannie, où préside l'estime :
Ce combat où, s'il faut en juger par mon cœur,
Le vaincu coûtera des larmes au vainqueur.

SCENE III.
ROMULUS, TATIUS, PROCULUS, MURENA, HERSILIE.

HERSILIE.

Où courez-vous, cruels ? & par quelle injustice
De vos fureurs ici rendre le ciel complice ?
Par d'odieux sermens en vain vous croyez-vous
Exceptés de la paix qu'il nous impose à tous ?
Non, non, vous n'irez point par ce combat funeste
Démentir à mes yeux la clémence céleste.
Peuples, qu'elle a soumis à de plus douces loix,
Vous ne souffrirez point la fureur de vos Rois.
Qu'aux dépens de vos jours, séparés l'un de l'autre,
Ils ne trouvent de sang à verser que le vôtre ;
Et que de toutes parts effrayant leur courroux,
Le sein de leurs sujets s'offre seul à leurs coups.
Ce que, pour attendrir des époux & des peres,
Viennent d'exécuter d'heureuses téméraires,
Ces femmes pour vos jours affrontant le trépas,
Des sujets pour leur Roi ne l'oseront-ils pas ?

TATIUS.

Quelle est ton espérance ? & que prétends-tu faire ?
Crois-tu nous interdire un combat nécessaire ?
Par leurs filles en pleurs les Sabins désarmés,
Ont respecté des nœuds depuis un an formés :

TRAGÉDIE.

Quel lien ai-je donc à respecter moi-même?
Il n'est point ton époux.

HERSILIE.

Non, Seigneur : mais je l'aime.

ROMULUS.

Ciel!

HERSILIE, à Romulus.

Ne m'interromps point.

(*A Tatius.*)

Sa surprise, Seigneur,
Vous dit avec quel soin je lui cachois mon cœur.
Il n'a vu jusqu'ici que colere & que haine :
De l'affront qu'il m'a fait je lui devois la peine.
Mais, quand par mes dédains l'honneur le punissoit,
L'amour le vengeoit bien des larmes qu'il versoit.
Ses respects, sa tendresse & sur-tout son courage,
Malgré moi dans mon ame effaçoient son outrage;
Et dans le ravisseur voyant trop le héros,
J'affectois des mépris qu'exploient mes sanglots.
Ne vous allarmez point, Seigneur, de cette audace.
D'un malheureux amour quelqu'aveu que je fasse,
Si mon pere appaisé ne l'approuve aujourd'hui,
Je mourrois mille fois plutôt que d'être à lui.
Contente d'empêcher un combat trop barbare,
C'est dans ce seul dessein que mon cœur se déclare.
Instruits de mon amour, ces peuples généreux
Ne pourront plus souffrir ce sacrifice affreux,
Où je verrois percé du glaive sanguinaire
Le pere par l'amant, ou l'amant par le pere.
Je vois, cruels, je vois que honteux de gémir,
Votre cœur ébranlé tâche à se raffermir;
Mais je ne cede point, vous m'aimez l'un & l'autre ;
Pour arrêter d'un mot sa vengeance & la vôtre,

Songez, si je n'en puis désarmer la rigueur,
Qu'Hersilie à vos yeux périt pour le vainqueur ;
Que vous faisant bientôt détester votre gloire,
Mon sang est le seul prix d'une telle victoire :
Et qu'il n'est plus, après vos parricides coups,
Ni d'amante pour lui, ni de fille pour vous.

ROMULUS.

Ah ! souffrez qu'à vos yeux mon transport se déploie ;
Mon cœur ne suffit plus à contenir sa joie.
Juste ciel ! quel bonheur me cachoient vos mépris ?
Je ne me plains de rien ; tout m'est doux à ce prix ;
Je mourrai trop content, puisque j'ai su vous plaire :
Car enfin désormais trop foible contre un pere,
De ce triste combat disputant peu l'honneur,
Par sa gloire je vais lui payer mon bonheur.

HERSILIE.

Eh ! voudroit-il encore au mépris de mes larmes,
D'un sang qui m'est si cher aller souiller ses armes ?
Et refuseriez-vous de vous soumettre aux loix
Que le ciel aujourd'hui vous prescrit par ma voix ?
Vous attestiez tantôt des oracles contraires.
Ce jour n'en a-t-il pas dévoilé les mysteres ?
Ce long amas d'honneurs & l'univers soumis,
A l'un & l'autre peuple également promis,
Ce triomphe éternel, ces hautes destinées,
Par les bornes des tems à peine terminées,
De tout autre pouvoir ce pouvoir destructeur,
Tout ne vous dit-il pas (si le ciel n'est menteur)
Que vous n'êtes qu'un peuple, & qu'ainsi la victoire
Veut sous un même nom confondre votre gloire ?

ROMULUS.

Qui peut vous inspirer....

TRAGÉDIE.

HERSILIE.

Voyez par quels chemins
La sagesse suprême a conduit ses desseins.
Sabins, elle a voulu pour lier nos familles,
Que Rome dans le piége ait engagé nos filles :
Et soudain en époux transformant leurs tyrans,
Vous a faits ennemis pour vous faire parens.
(*A Tatius.*)
C'est elle encor, Seigneur, qui contraint Hersilie
D'avouer cet amour qui vous réconcilie.
Qu'il est beau de se rendre à ce qu'elle a voulu !
Consommez ce traité dans le ciel résolu.
Que pour tout asservir Cure s'unisse à Rome ;
Que de ces noms unis désormais on vous nomme ;
Et que tout l'Univers apprenne avec effroi
Que vous n'êtes ensemble & qu'un peuple & qu'un
 Roi.

ROMULUS.

Que ne peut de l'amour le souverain empire !
A ce que vous voulez je suis prêt de souscrire ;
Princesse, ce pouvoir qui m'est si précieux,
Dont je n'ai pu souffrir qu'un frere ambitieux
Partageât un moment l'autorité suprême,
Ce pouvoir, après vous l'unique bien que j'aime,
Je l'offre à votre pere, & veux bien aujourd'hui,
Esclave de vos loix, ne régner qu'avec lui.
Qu'il vienne en plein Sénat partager ma puissance,
Voir fléchir mes sujets sous son obéissance,
Aux Sénateurs Romains joindre cent Sénateurs,
De nos communes loix communs dispensateurs :
Mais qu'à ce saint autel votre main adorée,
Forme le premier nœud d'une union sacrée ;
Et proclamez deux Rois qui s'unissent pour vous,
Par les noms tout-puissans & de pere & d'époux.
(*A Tatius.*)
Vous le voyez, Seigneur, cette chere Princesse
Attend que votre bouche approuve ma tendresse.

C 3

Daignez donc consentir que l'hymen à vos yeux
Confirme des arrêts prononcés par les Dieux.

TATIUS.

Oui, puisque tout conspire à réparer l'injure,
De mes ressentimens j'étouffe le murmure.
Le ciel l'a résolu ; devenons tous Romains.
Il nous explique assez ses décrets souverains ;
Et tout prêt de sceller notre auguste alliance,
Je consens qu'à l'autel ma fille la commence.

ROMULUS.

Trop heureux Romulus! un bien si souhaité
De la moitié du trône est-il trop acheté ?

(*A Hersilie.*)
Venez, venez, Madame, & que nos vœux....

MURENA.

Arrête ;
Prince, frémis des maux que ce dessein t'apprête.
Apprends sur ton hymen ce que m'a présagé
Par le sang des taureaux le ciel interrogé.
J'ai vu des cœurs flétris & d'affreuses entrailles
Ne m'annoncer pour toi qu'horreurs, que funérailles.
Un spectacle terrible offert à mon esprit,
M'a fait voir en naissant le nom Romain proscrit ;
Rome entiere livrée aux guerres intestines,
Et l'ennemi vainqueur célébrant nos ruines.
Les Dieux par votre paix ne sont pas appaisés.
A ce sinistre hymen toujours plus opposés,
Ils m'effrayent encor de plus tristes images.
De ce trouble sacré respecte les présages.
Ne force point ces Dieux, auteurs de nos destins,
Au repentir vengeur d'avoir fait les Romains.
Tremble ; si tu n'en crois qu'une révolte impie,
L'oracle est infaillible, il y va de ta vie.

TRAGÉDIE.

ROMULUS.

D'augures imposteurs crois-tu m'épouvanter ?
J'aime, je suis aimé, rien ne peut m'arrêter.

(*A Hersilie.*)

Venez.

HERSILIE.

Non, Romulus, ne crois plus m'y contraindre.
Ton amour brave tout ; le mien me fait tout craindre.
Je ne sais si le ciel a dicté ces arrêts ;
Mais c'est assez pour moi qu'ils puissent être vrais.
Cet hymen qui m'alloit donner tout ce que j'aime,
Que je ne rougis point d'avoir pressé moi-même,
Dès que contre tes jours il peut armer le sort,
Est désormais pour moi plus cruel que la mort.

ROMULUS, *à Tatius.*

Eh bien ! allons, Seigneur, sans tarder davantage,
Allons en plein Sénat consommer notre ouvrage ;
Et moi-même aussi-tôt après notre union,
Sans crainte du mensonge & de l'illusion,
En souverain Augure offrant les sacrifices,
J'obtiendrai de nos Dieux de plus heureux auspices.
Si votre fille encor se refuse à ma foi,
Je lui parle en amant ; vous parlerez en Roi.

SCENE IV.
MURENA, PROCULUS.
MURENA.

Tu le vois, Proculus; il est tems qu'il périsse.

PROCULUS.

Il est aimé! Peux-tu douter de son supplice?
Voyons nos Sénateurs; marquons l'instant fatal,
Et ne mourons, du moins, qu'en perdant mon rival.

Fin du quatrieme Acte.

ACTE V.

SCENE PREMIERE.
TATIUS, PROCULUS, DES GARDES.

TATIUS, *aux Gardes.*

N'Avancez pas plus loin. Toi, Proculus, écoute.
Il faut te confier les maux que je redoute.
Sous une même pourpre & Romulus & moi,
Pour deux peuples unis ne sommes plus qu'un Roi.
Tandis qu'il est allé du traité salutaire
Remercier le ciel aux autels de son pere,
Qu'avec les Sénateurs dont toi-même as fait choix,
Il va sacrifier pour la premiere fois,
J'ai voulu te parler. Dans le soin qui m'anime
D'un instant négligé je me ferois un crime.
Contre un Prince ennemi j'ai reçu tes secours ;
Mon cœur reconnoissant s'en souviendra toujours ?
Cette ville infidelle à mon courroux livrée,
Ma retraite en mon camp par toi seul assurée,
Du prix de ces bienfaits mon honneur te répond ;
Et leur premier salaire est un secret profond.
Mais aussi, Proculus, souffre que je le pense,
Si tes secours n'étoient que ta propre vengeance,
Si tu hais Romulus, j'exige qu'aujourd'hui,

Au nom du nœud sacré qui m'unit avec lui,
Ton cœur me sacrifie une haine funeste.
Songe que désormais, si j'en vois quelque reste,
Sur tes moindres desseins je tiendrai l'œil ouvert ;
Suspect un seul moment, ce seul moment te perd.
Quand je garde aux bienfaits leur juste récompense,
Je dois au crime aussi réserver la vengeance.

PROCULUS.

Vous m'offensez, Seigneur ; avec vous je bénis
Ces nœuds inespérés qui vous ont réunis.
Les deux Rois n'auront point de sujet plus fidele.
Puisse des Dieux sur moi la colere immortelle,
De leur foudre vengeur....

TATIUS.

     Laisse-là les sermens.
S'ils faisoient dans les cœurs naitre les sentimens,
Je t'en demanderois : mais quelle est leur puissance ?
Le crime les trahit ; la vertu s'en offense.
Il suffit entre nous de ton devoir, du mien ;
Voilà le vrai serment ; les autres ne sont rien.

SCENE II.

TATIUS, PROCULUS, HERSILIE.

HERSILIE, à *Tatius*.

Quoi! Romulus sans vous offre son sacrifice!
Eh! qui le défendra, s'il faut qu'on le trahisse?

TATIUS.

D'où viennent ces frayeurs?

HERSILIE.

     Puis-je ne pas trembler?
Des perfides ici cherchent à l'immoler.
Malgré votre union je sais que l'on conspire.
Peut-être en ce moment....

TATIUS.

     Ciel! que viens-tu me dire?

HERSILIE.

Daignez de vos secrets vous fier à ma foi.
En avez-vous, Seigneur, qui ne soient pas pour moi?
N'est-ce pas Proculus qui vous a livré Rome?
N'est-ce pas Proculus....

TATIUS.

     N'attends pas que je nomme
Des amis protecteurs d'un généreux dessein.
Ce secret pour toi-même est caché dans mon sein.

ROMULUS,

HERSILIE.

Ah! malgré ce secret qu'il faut que je respecte,
La foi de Proculus ne m'est pas moins suspecte.

TATIUS.

Comment?

HERSILIE.

Sur des avis que je tiens assurés,
Il est, n'en doutez point, le Chef des conjurés.

PROCULUS.

Moi, Seigneur?

HERSILIE.

Murena le sert de sa puissance;
Cinquante Sénateurs de leur intelligence,
Ceux-mêmes qui du Prince accompagnent les pas;
Prêtent à ce dessein leurs parricides bras;
Et leur troupe tantôt auprès d'eux appellée,
A même du Sénat préveu l'assemblée.
Pour perdre Romulus ils auront pris ce jour.

TATIUS.

Ma gloire s'en allarme autant que ton amour.

PROCULUS.

Croiriez-vous?....

HERSILIE.

S'il est tems, volez à sa défense;

TRAGÉDIE.

TATIUS.

J'y cours.

(*A Proculus.*)

Toi...

PROCULUS.

Je vous suis. Pour laver un soupçon qui m'offense,

HERSILIE.

Non, Seigneur, qu'il ne vous suive pas.

TATIUS.

Demeure, Proculus.

(*Aux Gardes.*)

Vous, retenez ses pas.

SCENE III.

PROCULUS, HERSILIE, LES GARDES.

PROCULUS.

AH! Prince ingrat, peux-tu me faire cet outrage!

HERSILIE.

En le nommant ingrat, tu déceles ta rage.
Un pere généreux me le cachoit en vain,
C'eſt toi qui l'as ſervi contre ton Souverain :
Le crime naît du crime en une ame perfide,
Et l'infidélité t'amene au parricide.
C'eſt toi qui de ton Prince as juré le trépas :
Mais on va le ſauver ; tu n'en jouiras pas.
Tu te troubles déjà ; tu ſouffres par avance
Le juſte châtiment que te doit ſa vengeance.
De quel front pourras-tu ſoutenir ſon regard ?

PROCULUS.

Tremblez, tremblez vous-même : on le ſecourt trop
    tard.

HERSILIE.

Qu'entends-je ! il ſeroit mort !

PROCULUS.

              N'en doutez point, cruelle ;
Car il eſt tems qu'ici Proculus ſe décele ;

TRAGÉDIE. 63

Réſolu de mourir, je ne puis plus avoir
D'autre ſoulagement que votre déſeſpoir.

HERSILIE.
Eh quoi! tes Sénateurs.....
PROCULUS.
                    C'eſt en vain qu'on m'arrête;
Ils m'ont tous en partant répondu de ſa tête.
Au gré de ma fureur tout étoit concerté;
Au gré de ma fureur tout eſt exécuté.
Tatius ſur leurs pas m'empêchant de me rendre,
Pour n'être pas ſuſpect, j'ai bien voulu l'entendre;
Mais, j'ai preſcrit ſur-tout que l'on profitât bien
Du tems que leur alloit donner notre entretien.
Je compte les momens; Romulus eſt ſans vie,
Votre attente eſt trompée & ma haine aſſouvie.

HERSILIE.
Barbare, acheve donc; ne ménage plus rien,
Acheve; oſe verſer mon ſang après le ſien.
Au nom de Romulus j'implore ta colere;
Préviens par mon trépas le retour de mon pere;
Avant que dans ton ſang il vienne ſe plonger,
Donne-lui donc encor une fille à venger.

PROCULUS.
Ah! que vous ſavez bien, pour vous faire juſtice,
Quand je brave la mort, me trouver un ſupplice!
Vainement de mon cœur j'étouffe les remords,
Romulus n'eſt que trop vengé par vos tranſports.
Eh bien! que cet amour faſſe auſſi votre peine;
C'eſt lui qui l'aſſaſſine encor plus que ma haine.
Votre bouche a tantôt porté l'arrêt ſanglant
D'un coup qui ſans vous-même auroit été plus lent;
Tant que j'ai cru pour lui votre haine ſincere,
Je me ſuis contenté de ſervir votre pere;

Romulus n'eût pas moins expiré sous mes coups ;
Mais, moins d'impatience animoit mon courroux.
C'est vous qui d'un seul mot m'ôtant toute espérance,
Avez précipité l'instant de la vengeance ;
Furieux, j'ai voulu qu'il pérît aujourd'hui,
Et j'ai compté pour rien de mourir après lui.
Je ne m'en repens point ; un seul regret me reste,
C'est que ma main n'ait pas porté le coup funeste ;
C'est qu'il ait ignoré l'auteur de son trépas.
Oui, cruelle, en rival....

HERSILIE.

Je ne t'écoute pas.
Tout ce que j'adorois a perdu la lumiere ;
Cette image remplit mon ame tout entiere ;
O ciel ! & pour tout fruit d'un déplorable amour,
J'attends que ma douleur me ravisse le jour.

TRAGÉDIE.

SCENE IV.
PROCULUS, HERSILIE, SABINE, LES GARDES.

SABINE.

AH! Madame, craignez la derniere difgrace,
Le grand Prêtre en fureur a paru dans la place.
Appellant à grands cris Romaines & Romains,
Au nom des immortels, par les droits les plus faints,
D'un intérêt facré couvrant fa violence,
Des Autels ufurpés il demande vengeance.
Il profcrit les deux Rois; & j'ai vu fes fureurs
Ebranler à fon gré les efprits & les cœurs;
Des Romaines fur-tout l'horreur religieufe
Seconder par leurs cris fa voix féditieufe.
Tout s'arme; & des Sabins la chancelante foi
Peut même en ce défordre abandonner fon Roi.
Si Tatius paroît, la fureur populaire....

HERSILIE.

Il ne me reftoit plus qu'à voir périr mon pere!

(A Sabine.)

Soutiens-moi; je fuccombe.

PROCULUS, *à fes Gardes.*

Ah! généreux Sabins,
Que votre bras auffi fe prête à nos deftins.

Ne me retenez plus ; venez, que notre zele
Hâte l'indépendance où le ciel nous appelle.
Nous ne sommes pas faits pour recevoir des loix ;
Ne souffrons plus de Maitre, & devenons tous Rois.

HERSILIE.

Perfide, oses-tu bien.... Mais Tatius respire.
Je le vois.

PROCULUS.

Juste ciel!

SCENE V.

TATIUS, PROCULUS, HERSILIE, SABINE, LES GARDES.

HERSILIE, *à Tatius*.

Est-il tems que j'expire ?
Romulus est-il mort ? Les Dieux l'ont-ils permis ?

TATIUS.

Tu vas le voir paroître ; il n'a plus d'ennemis.

PROCULUS.

Quel revers!

HERSILIE.

Quel succès!

TATIUS.

Pressé par tes allarmes,
Aux nouveaux Sénateurs j'ai fait prendre les armes.

TRAGÉDIE.

J'ai couru dans le bois. Déjà du coup mortel
La victime frappée expiroit à l'Autel ;
Impatient déjà des sacrés aruspices,
Romulus y cherchoit des entrailles propices.
Tandis qu'il se baissoit, d'étincelans poignards,
De loin, ont tout-à-coup effrayé nos regards ;
Aux cris que nous poussons il détourne la tête ;
Et soudain sa valeur conjurant la tempête,
Il arrache le fer d'un de ses assassins,
Par-tout autour de lui porte des coups certains :
Plusieurs étoient tombés, avant que ma colere
Pût l'aider à punir ce complot sanguinaire :
Mais bientôt je le joins ; & sur l'heure immolés,
Les traîtres ont péri sous nos coups redoublés.
Reçois, dit-il, ô Mars, ces nouvelles victimes ;
Et réserve toujours la même peine aux crimes.

PROCULUS.

O désespoir !

HERSILIE.

Quel sort succede à mes douleurs!

TATIUS.

Rome nous préparoit encor d'autres malheurs.
En rentrant dans ces lieux une révolte ouverte,
D'insolentes clameurs annonçoient notre perte :
Des cris de liberté régnoient de toutes parts.
Quand Romulus vivant a frappé leurs regards,
Ils balançoient encor entre nous & leurs Prêtres :
Voyez, leur a-t-il dit, comme on punit des traîtres ;
Voyez-moi tout couvert du sang des conjurés ;
Et s'il en reste encor, Mars me les a livrés.
Alors n'écoutant plus que son bouillant courage,
Jusqu'à Murena même il se fait un passage :
La foule des mutins étonnés, éperdus,
S'ouvre, & croit voir un Dieu plutôt que Romulus.

Le Prêtre tombe mort sous les coups du Monarque.
Des vengeances du ciel voyez-vous quelque marque?
C'est ainsi qu'il prononce entre un perfide & moi.
Alors pour achever de bannir leur effroi,
La douceur sur son front succede à la menace :
J'oublierai tout, dit-il, méritez votre grace ;
Heureux de retrouver en des sujets soumis
Mes braves compagnons & mes plus chers amis!
Tout le monde à ces mots laisse tomber les armes,
Jette des cris de joie interrompus de larmes ;
Et tandis que lui-même, en ces heureux momens,
Les attendrit encor par ses embrassemens,
Charmé de ce succès, ma tendre impatience,
Pour essuyer tes pleurs en ces lieux le devance.

SCENE DERNIERE.

ROMULUS, TATIUS, PROCULUS, HERSILIE, SABINE, LES GARDES.

ROMULUS.

Nous triomphons, Madame, & je viens vous offrir....
(*A Proculus qui s'est frappé en voyant Romulus.*)
Ciel! que vois-je!

PROCULUS.

Tu vis. C'est à moi de mourir
Je voulois t'enlever la Princesse & l'Empire.
Je n'ai pu réussir ; je m'en punis, j'expire.

TRAGÉDIE.   69
ROMULUS.
Oh! trop perfide ami!

(*A Hersilie.*)

Vous, Madame, aux Autels
Venez joindre vos dons à ceux des immortels.
Nous n'avons pas besoin de nouveaux sacrifices ;
Les traîtres immolés nous tiennent lieu d'auspices.
Venez....

TATIUS.

Allons, ma fille ; & bénissons ce jour,
Favorable à ma gloire autant qu'à ton amour.

Fin du cinquième & dernier Acte.

INÉS DE CASTRO,

TRAGÉDIE

En cinq Actes, en Vers,

Par M. HOUDART de la MOTTE,

De l'Académie Françoise :

Représentée pour la premiere fois par les Comédiens ordinaires du Roi, le 6 Avril 1723.

A

PRÉFACE
DES PREMIERES ÉDITIONS.

L'Honneur singulier qu'on a fait à ma Tragédie, de l'écrire dans les représentations, m'a fait craindre des éditions précipitées qui m'auroient chargé devant le Public de bien des fautes, que l'infidélité des Copistes auroit ajoutées aux miennes. Un mot pour un autre jette souvent de l'obscurité ou de la bassesse sur toute une phrase: l'accident peut même aller jusqu'au contre-sens; & ces méprises multipliées auroient répandu un air de négligence & de faute, jusques sur les endroits les plus heureux. J'ai voulu prévenir ce malheur, plus considérable qu'on ne pense aux yeux d'un Auteur; car, il faut l'avouer, notre délicatesse poëtique regarde presque une édition fautive de nos Vers, comme un libelle diffamatoire.

PRÉFACE.

Voilà donc ma Tragédie telle que je l'ai faite; & j'ajoute, telle que je suis capable de la faire. Mon respect pour le Public ne m'a pas permis de rien négliger de ce que j'ai cru le plus propre à l'attacher & à lui plaire. Je serois bien tenté de faire valoir ici les moyens que j'ai pris pour y réussir; mais je remets la petite vanité qui m'empresse à une autre fois. J'exposerai dans un discours à part mes sentimens particuliers sur la Tragédie, que je ne donnerai à mon ordinaire que comme des conjectures: mais je ne puis m'empêcher d'avancer déjà en général, qu'il faut un peu de courage aux Auteurs, dans quelque genre qu'ils travaillent. Point de nouveauté sans hardiesse. Où en seroit l'Art, si l'on s'en étoit toujours tenu à cette imitation timide, qui n'ose rien tenter sans exemple? On ne nous auroit pas laissé à nous-mêmes de quoi imiter.

Les Enfans que j'ai hazardés sur la Scène, & les circonstances où je les fais

PRÉFACE.

paroître, ont paru une nouveauté sur notre Théâtre. Quelques Spectateurs ont douté s'ils devoient rire ou s'attendrir : mais le doute n'a pas duré, & la nature a bientôt repris ses droits sur tous les cœurs. On a pleuré, enfin ; & , s'il m'est permis de ne rien perdre de ce qui me fait honneur, quelques-uns ne m'ont critiqué qu'en pleurant.

Si je rentre dans la carriere, j'avertis le Public que j'aurai encore le courage de m'exposer à ses premieres répugnances toutes les fois que j'espérerai lui procurer de nouveaux plaisirs ; & j'invite mes Confreres les Dramatiques à être encore plus hardis que moi, & toujours à proportion de leur habileté.

Si je n'ai rien changé à ma Piece, ce n'est pas que des gens d'esprit ne m'ayent fait quelques objections, qui m'ont même ébranlé ; mais je les prie de m'en croire, d'autres gens d'esprit ont applaudi, particulierement aux endroits attaqués, &

par des raisons qui me gagnoient aussi: docilité pour docilité, on ne s'étonnera pas que j'aie déféré aux Approbateurs.

Il a paru une Critique imprimée, à laquelle je me dispense de répondre; je persiste dans la résolution d'en user toujours de même avec des Censeurs passionnés & de mauvaise foi. Quand il y auroit même de l'esprit dans leur Ouvrage, je crois devoir ce dédain aux mauvais procédés; &, en effet, pour ramener les hommes à l'amour de la raison & de la vertu, il faudroit mépriser jusqu'aux talens qui osent en violer les régles.

On m'a fait le même honneur que Scarron a fait à Virgile; on m'a travesti. J'ai ri moi-même de la mascarade qui m'a paru réjouissante: je me garde bien de trouver à redire que les traits de critique n'en soient pas solides; il suffisoit pour la nature de l'Ouvrage qu'ils fussent plaisans, ou bouffons même, pour dire encore moins; au

PRÉFACE.

lieu qu'un Critique sérieux est obligé d'avoir raison.

J'ai laissé dans la Piece un vers de Corneille, que la force de mon Sujet m'avoit fait faire aussi; & quand on m'a fait appercevoir qu'il étoit du Cid, je n'ai pas cru me devoir donner la peine de l'affoiblir pour le déguiser.

ACTEURS.

ALPHONSE, Roi de Portugal, surnommé le Justicier.

LA REINE.

CONSTANCE, Fille de la Reine, promise à Dom Pedre.

DOM PEDRE, Fils d'Alphonse.

INÉS, Fille d'honneur de la Reine, mariée secrettement à Dom Pedre.

DOM RODRIGUE, Prince du Sang de Portugal.

DOM HENRIQUE, Grand de Portugal.

DEUX GRANDS de Portugal.

L'AMBASSADEUR du Roi de Castille.

SUITE de l'Ambassadeur.

DOM FERNAND, Domestique de Dom Pedre.

LA GOUVERNANTE.

DEUX ENFANS.

Plusieurs COURTISANS.

La Scène est à Lisbonne, dans le Palais d'Alphonse.

INÉS DE CASTRO,
TRAGÉDIE.

ACTE PREMIER.

SCENE PREMIERE.
ALPHONSE, LA REINE, INÉS, RODRIGUE, HENRIQUE, & plusieurs COURTISANS.

ALPHONSE.

MON Fils ne me suit point ! Il a craint, je le vois,
D'être ici le témoin du bruit de ses exploits.
Vous, Rodrigue, le sang vous attache à sa gloire.
Votre valeur, Henrique, eut part à sa victoire :
Ressentez avec moi sa nouvelle grandeur.
Reine, de Ferdinand voici l'Ambassadeur.

A 5

SCENE II.

ALPHONSE, LA REINE, INÉS, RODRIGUE, HENRIQUE, & plusieurs COURTISANS, L'AMBASSADEUR de Castille, & sa Suite.

L'AMBASSADEUR.

LA gloire dont l'Infant couvre votre famille,
Autant qu'au Portugal est chere à la Castille,
Seigneur ; & Ferdinand par ses Ambassadeurs
S'applaudit avec vous de vos nouveaux honneurs.
Goûtez, Seigneur, goûtez cette gloire suprême,
Qui dans un successeur vous reproduit vous-même.
Qu'il est doux aux grands Rois, après de longs travaux,
De se voir égaler par de si chers rivaux !
De pouvoir, le front ceint de couronnes brillantes,
En confier l'honneur à des mains si vaillantes ;
De voir croître leur nom toujours plus redouté,
Sûrs de vaincre long-tems par leur postérité.
Dom Pedre sur vos pas, au sortir de l'enfance,
Vous vit des Africains terrasser l'insolence ;
Cent fois, brisant leurs Forts, perçant leurs Bataillons,
De ce sang téméraire innonder vos Sillons :
Vous traciez la carriere où son courage vole,
Et vos nombreux exploits ont été son école.
Dès que vous remettez votre foudre en ses mains,
Il frappe ; & de nouveau tombent les Africains :
Il moissonne en courant ces troupes fugitives,
Et rapporte à vos pieds leurs dépouilles captives.

TRAGÉDIE.

Avec vos intérêts les nôtres sont liés :
La victoire est commune entre des Alliés ;
Et toute la Castille, au bruit de vos conquêtes,
Triomphante elle-même, a partagé vos Fêtes.

ALPHONSE.

Votre Roi m'est uni du plus tendre lien ;
Sa mere, de son Trône a passé sur le mien ;
Et le même traité qui me donna sa mere,
Veut encor qu'en mon fils l'hymen lui donne un frere.
Cet hymen que hâtoient mes vœux les plus constans,
Par l'horreur des combats, retardé trop long-tems,
Rassemblant aujourd'hui l'allégresse & la gloire,
Va s'achever enfin au sein de la victoire :
Heureux que Ferdinand applaudisse au vainqueur,
Que lui-même a choisi pour l'époux de sa sœur !
Nous n'allons plus former qu'une seule famille.
Allez ; de mes desseins instruisez la Castille.
Faites savoir au Roi cet hymen triomphant,
Dont je vais couronner les exploits de l'Infant.

SCÈNE III.
ALPHONSE, LA REINE, INÈS.
ALPHONSE.

Oui, Madame, Constance avec vous amenée,
Va voir par cet hymen fixer sa destinée.
Peut-être que le jour qui m'unit avec vous,
Auroit dû de mon fils faire aussi son époux :
Mais je ne pus alors lui refuser la grace
Que de l'amour d'un Pere implora son audace ;
Il n'éloignoit l'honneur de recevoir sa foi,
Que pour s'en montrer mieux digne d'elle & de moi.
Moi-même armant son bras, j'animai son courage.
La fortune est souvent compagne de son âge ;
Je prévis qu'il feroit ce qu'autrefois je fis,
Et me privai de vaincre en faveur de mon Fils.
Il a, graces au ciel, passé mon espérance ;
Des Africains domptés implorant ma clémence,
La moitié suit son char, & gémit dans nos fers ;
Le reste tremble encor au fond de ses déserts.
Quels honneurs redoublés ont signalé ma joie !
Et, tandis que pour lui mon transport se déploie,
Mes Sujets enchantés, enchérissant sur moi,
Semblent par mille cris le proclamer leur Roi.
Madame, il est enfin digne que la Princesse
Lui donne avec sa main l'estime & la tendresse.
Ce nœud va rendre heureux au gré de mes souhaits,
Ce que j'ai de plus cher, mon Fils & mes Sujets.

LA REINE.

Ne prévoyez-vous point un peu de résistance,
Seigneur ; de votre Fils la longue indifférence

TRAGÉDIE.

Me trouble malgré moi d'un soupçon inquiet,
Et je crains dans son cœur quelque obstacle secret;
Auprès de la Princesse il est presque farouche :
Jamais un mot d'amour n'est sorti de sa bouche;
Et, de tout autre soin à ses yeux agité,
Il semble n'avoir pas apperçu sa beauté.
S'il résistoit, Seigneur...

ALPHONSE.

C'est prendre trop d'ombrage.
Excusez la fierté de ce jeune courage.
C'est un héros naissant de sa gloire frappé,
Et d'un premier triomphe encor tout occupé.
Bientôt, n'en doutez pas, une juste tendresse
De ce superbe cœur dissipera l'ivresse.
D'un heureux hyménée il sentira le prix.

LA REINE.

J'ai lieu, vous dis-je encor, de craindre ses mépris.
Eh! qui n'eût pas pensé qu'aujourd'hui sa présence
Dût des Ambassadeurs honorer l'audience!
Mais il n'a pas voulu vous y voir rappeller
Des traités que son cœur refuse de sceller.
S'il résistoit, Seigneur...

ALPHONSE.

S'il résistoit, Madame!
De quelle incertitude allarmez-vous mon ame?
Mon Fils me résister! juste ciel! j'en frémis;
Mais bientôt le rebelle effaceroit le Fils :
S'il poussoit jusques-là l'orgueil de sa victoire,
D'autant plus criminel qu'il s'est couvert de gloire,
Je lui ferois sentir que les plus grands exploits,
Que le sang ne l'a point affranchi de mes loix;
Que, lorsqu'à mes côtés mon Peuple le contemple,
C'est un premier Sujet qui doit donner l'exemple;

Et qu'un Sujet sur qui se tournent tous les yeux,
S'il n'est le plus soumis, est le plus odieux.
Mais, Madame, écartons de funestes images :
D'un coupable refus rejettez ces présages.
Je vais à la Princesse annoncer mon dessein ;
Et j'en avertirai mon Fils en Souverain.

SCENE IV.

LA REINE, INÈS.

LA REINE.

Tandis qu'à mon époux j'adresse ici mes plaintes,
Inès, vous entendez ses desseins & mes craintes,
Et si vous le vouliez, vous pourriez m'informer
Du mystere fatal dont je dois m'allarmer.
Vous avez de l'Infant toute la confidence :
Je ne jouirois pas sans vous de sa présence.
S'il honore ma Cour, ses yeux toujours distraits,
Paroissent n'y chercher, n'y rencontrer qu'Inès.
De grace, éclaircissez de trop justes allarmes.
Ma Fille à ses yeux seuls n'a-t-elle point de charmes ?
A ce cœur prévenu, quel funeste bandeau
Cache ce que le ciel a formé de plus beau ?
Car quel objet jamais aussi digne de plaire
A mieux justifié tout l'orgueil d'une mere !
Les cœurs à son aspect partagent mes transports ;
La nature a pour elle épuisé ses trésors ;
De cent dons précieux l'assemblage céleste,
De ses propres attraits l'oubli le plus modeste,
La vertu la plus pure empreinte sur son front,
Ne devroient-ils encor laisser craindre un affront ?

TRAGÉDIE.

INÈS.

Madame, croyez-vous le Prince si sauvage
Qu'il puisse à la beauté refuser son hommage ?
Jusques dans ses secrets je ne pénetre pas ;
Mais avec moi souvent admirant tant d'appas,
Et de tant de vertus reconnoissant l'empire,
Ce que vous en pensez, il aimoit à le dire.

LA REINE.

Eh ! pourquoi, s'il l'aimoit, ne le dire qu'à vous ?
Craignez, en me trompant, d'attirer mon courroux.
Je le vois : ce n'est point la Princesse qu'il aime.
Il vous parle de vous.

INÈS.

Ciel ! de moi !

LA REINE.

De vous-même.
Je vous crois son Amante ; ou, pour m'en détromper,
Montrez-moi donc le cœur que ma main doit frapper.
Car je veux bien ici vous découvrir mon ame ;
Celle qui de Dom Pedre entretiendroit la flâme,
Qui, me perçant le sein des plus sensibles coups,
A ma fille oseroit disputer son époux,
Victime dévouée à toute ma colere,
Verroit où peut aller le transport d'une mere.
Ma Fille est tout pour moi, plaisir, honneur, repos ;
Je ne connois qu'en elle & les biens & les maux :
Il n'est, pour la venger, nul frein qui me retienne ;
Son affront est le mien, sa rivale est la mienne ;
Et sa constance même à porter son malheur,
D'une nouvelle rage armeroit ma douleur.
Songez-y donc : sachez ce que le Prince pense.
Il faut me découvrir l'objet de ma vengeance ;
Je brûle de savoir à qui j'en dois les coups.
Livrez-moi ce qu'il aime, ou je m'en prends à vous.

SCENE V.
INÉS.

O Ciel! qu'ai-je entendu! quelle affreuse tempête,
Si j'en crois ses transports, va fondre sur ma tête!
Heureuse, dans l'horreur des maux que je prévoi,
Si je n'avois encor à trembler que pour moi!

SCENE VI.
INÉS, DOM PEDRE, DOM FERNAND.

INÉS.

AH! cher Prince, apprenez tout ce que je redoute;
Mais faites observer qu'aucun ne nous écoute.

DOM PEDRE.

Veillez-y, Dom Fernand: Madame, quels malheurs
M'annonce ce visage inondé de vos pleurs?
Parlez: ne tenez plus mon ame suspendue.

INÉS.

Cher Prince, ç'en est fait; votre épouse est perdue.

DOM PEDRE.

Vous, perdue! & pourquoi ces mortelles terreurs?

INÉS.

Voilà ces tems cruels, ces momens pleins d'horreurs,

TRAGÉDIE.

Qu'en vous donnant ma main, prévoyoit ma tendresse.
Le Roi vient d'arrêter l'hymen de la Princesse ;
Il va vous demander pour elle cette foi,
Qui n'est plus au pouvoir ni de vous ni de moi.
Pour comble de malheur la Reine me soupçonne,
Si vous voyiez la rage où son cœur s'abandonne,
Et tout l'emportement de ce courroux affreux
Qu'elle voue à l'objet honoré de vos feux...
Eh ! jusqu'où n'ira point cette fureur jalouse,
Si, cherchant une amante, elle trouve une épouse ;
Et qu'elle perde enfin l'espoir de m'en punir,
Que par la seule mort qui peut nous désunir ?

DOM PEDRE.

Calmez-vous, chere Inés ; votre frayeur m'offense :
Eh ! de qui pouvez-vous redouter la vengeance,
Quand le soin de vos jours est commis à ma foi ?

INÉS.

Ah ! Prince, pensez-vous que je craigne pour moi ?
Jugez mieux des terreurs dont je me sens saisie ;
Je crains cet intérêt dont vous touche ma vie.
Je sais ce que ma mort vous coûteroit de pleurs,
Et ne crains mes dangers, que comme vos malheurs.
Vous le savez : l'espoir d'être un jour couronnée,
Ne m'a point fait chercher votre auguste hyménée ;
Et quand j'ai violé la loi de cet état,
Qui traite un tel hymen de rebelle attentat,
Vous savez que pour vous, me chargeant de ce crime,
De vos seuls intérêts je me fis la victime.
Cent fois dans vos transports, & le fer à la main,
Je vous ai vu tout prêt à vous percer le sein ;

Confumé tous les jours d'une affreufe triftefse ;
Accufer, en mourant, ma timide tendrefse ;
C'eft à ce feul péril que mon cœur a cédé.
Il falloit vous fauver, & j'ai tout hazardé.
Je ne m'en repens pas. Le ciel, que j'en attefte,
Voit que fi mon audace à moi feul eft funefte,
Même fur l'échafaud, je chérirois l'honneur
D'avoir, jufqu'à ma mort, fait tout votre bonheur.

DOM PEDRE.

Ne doutez point, Inés, qu'une fi belle flâme
De feux auffi parfaits n'ait embrafé mon ame.
Mon amour s'eft accru du bonheur de l'époux.
Vous fites tout pour moi ; je ferai tout pour vous.
Ardent à prévenir, à venger vos allarmes,
Que de fang payeroit la moindre de vos larmes !
Tout autre nom s'efface auprès des noms facrés
Qui nous ont pour jamais l'un à l'autre livrés.
Je puis contre la Reine écouter ma colere ;
Et même le refpect que je dois à mon pere,
Si je tremblois pour vous...

INÉS.

Ah ! cher Prince, arrêtez.
Je frémis de l'excès où vous vous emportez.
Pour prix de mon amour, rappellez-vous fans cefse
La grace que de vous exigea ma tendrefse.
Le jour heureux qu'Inés vous reçut pour époux,
Vous la vites, Seigneur, tombant à vos genoux,
Vous conjurer enfemble & de m'être fidelle,
Et de n'allumer point de guerre criminelle ;
Et dans quelque péril que me jettât ma foi,
De n'oublier jamais que vous avez un Roi.

DOM PEDRE.

Je ne vous promis rien ; & je fens plus encore
Qu'il n'eft point de devoir contre ce que j'adore
Si je crains pour vos jours, je vais tout hazarder
Et vous m'êtes d'un prix à qui tout doit céder.

Mais, s'il le faut, fuyez : que le plus sûr asyle
Sur vos jours menacés me laisse un cœur tranquille.
Emmenez sur vos pas, loin de ces tristes lieux,
De notre saint hymen les gages précieux.
Aux ordres que j'attends je sais que ma réponse
Va soudain m'attirer la colere d'Alphonse.
Les Africains défaits, il ne me reste plus
Ni raison ni prétexte à couvrir mes refus ;
Il faut lui déclarer que quelque effort qu'il tente,
Je ne saurois souscrire à l'hymen de l'Infante.
Je connois de son cœur l'inflexible fierté :
Il voudra sans égard m'immoler au traité ;
Et si, de mes refus éclaircissant la cause,
La Reine pénétroit quel nœud sacré s'oppose...
J'en frissonne d'horreur, chere Inés ; mais le Roi
Vous livreroit, sans doute, aux rigueurs de la loi ;
Et moi désespéré... Fuyez, fuyez, Madame ;
De cette affreuse idée affranchissez mon ame.
Fuyez...

INÈS.

      Non. En fuyant, Prince, je me perdrois ;
Ce qu'il nous faut cacher, je le décelerois.
Il vaut mieux demeurer. Armons-nous de constance ;
Dissipons les soupçons de notre intelligence ;
Ne nous revoyons plus ; &, contraignant nos feux,
Réservons ces transports pour des jours plus heureux.

DOM PEDRE.

J'y consens, chere Inés. Alphonse va m'entendre ;
Cachez bien l'intérêt que vous y pouvez prendre.

INÈS.

Que me promettre, hélas ! de ma foible raison,
Moi, qui ne puis sans trouble entendre votre nom !

INÉS DE CASTRO,

DOM PEDRE.

Adieu ; reposez-vous sur la foi qui m'engage ;
Dans cet embrassement recevez-en le gage.
Séparons-nous.

INÉS.

J'ai peine à sortir de ce lieu ;
Nous nous disons, peut-être, un éternel adieu.

Fin du premier Acte.

ACTE II.

SCENE PREMIERE.
CONSTANCE, ALPHONSE.

CONSTANCE.

Quoi ! me flattai-je en vain, Seigneur, que ma priere
Touche un Roi que je dois regarder comme un Pere ?
Et ne puis-je obtenir que, par égard pour moi,
Vous n'alliez pas d'un Fils folliciter la foi ?
Ne vaudroit-il pas mieux que de notre hyménée,
Lui-même impatient vînt hâter la journée :
Qu'il en preſſât les nœuds ; & que cet heureux jour
Fût marqué par ſa foi moins que par ſon amour ?
A le précipiter qui peut donc vous contraindre ?
D'un injuſte délai m'entendez-vous me plaindre ?
Je ſais par quels ſermens ces nœuds ſont arrêtés ;
Mais le tems n'en eſt pas preſcrit par les traités ;
Et mon frere chargea votre ſeule prudence
D'unir, pour leur bonheur, votre Fils & Conſtance.

ALPHONSE.

Je ne ſuis pas ſurpris, Madame, en ce moment,
De vous voir témoigner ſi peu d'empreſſement.
Cette noble fierté ſied mieux que le murmure :
Mais de plus longs délais nous feroient trop d'injure ;

Et moins vous vous plaignez, plus vous me faites voir
Que je dois n'écouter ici que le devoir.
Par mes ordres mon Fils dans ces lieux va se rendre:
Le dessein en est pris, & je lui vais apprendre...

CONSTANCE.

Ah! de grace, Seigneur, ne précipitez rien.
Entre vos intérêts daignez compter le mien.
Si depuis qu'en ces lieux j'accompagnai ma mere,
Vous m'avez toujours vûe attentive à vous plaire;
Si toute ma tendresse & mes respects profonds,
Et de Fille & de Pere ont devancé les noms,
Daignez attendre encor...

ALPHONSE.

De tant de résistance,
Je ne sais, à mon tour, ce qu'il faut que je pense.
L'Infant est-il pour vous un objet odieux?
Et ce Prince à tel point a-t-il blessé vos yeux,
Que vous trouviez sa main indigne de la vôtre?
Pourquoi craindre l'instant qui vous joint l'un à l'autre?
J'ai peine à concevoir, Madame, que mon Fils
Soit aux yeux de Constance un objet de mépris.

CONSTANCE.

Un objet de mépris! Hélas! s'il pouvoit l'être!
Si moins digne, Seigneur, du sang qui l'a fait naître,
Son hymen à mes vœux n'offroit pas un Héros,
J'attendrois sa réponse avec plus de repos.
Mais je ne feindrai pas de le dire à vous-même;
Je ne la crains, Seigneur, que parce que je l'aime.
Souffrez qu'en votre sein j'épanche mon secret:
Quel autre confident plus tendre & plus discret
Pourroit jamais choisir une si belle flâme?
L'aspect de votre Fils troubla d'abord mon ame.

TRAGÉDIE.

Des mouvemens soudains, inconnus à mon cœur,
Du devoir de l'aimer firent tout mon bonheur ;
Et vous jugez combien dans mon ame charmée,
S'est accru cet amour avec sa renommée.
Quand on vous racontoit sur l'Africain jaloux
Tant d'exploits étonnans, s'il n'étoit né de vous,
Par quels vœux près de lui j'appellois la victoire !
Par combien de soupirs célébrois-je sa gloire !
Enfin je l'ai revu triomphant ; & mon cœur
S'est lié pour jamais au char de ce vainqueur.
Cependant, malheureuse, autant il m'intéresse,
Autant je me sens loin d'obtenir sa tendresse :
Objet infortuné de ses tristes tiédeurs,
Je dévore en secret mes soupirs & mes pleurs :
Mais il me reste, au moins, une foible espérance
De trouver quelque terme à son indifférence :
Tout renfermé qu'il est, l'excès de mon amour
Me promet le bonheur de l'attendrir un jour.
Attendez-le, Seigneur, ce jour, où, plus heureuse,
Je fléchirai pour moi son ame généreuse ;
Et ne m'exposez pas à l'horreur de souffrir
La honte d'un refus dont il faudroit mourir.

ALPHONSE.

Ma Fille ; car l'aveu que vous daignez me faire
Vient d'émouvoir pour vous des entrailles de Pere,
Ces noms intéressans flattent déjà mon cœur,
Et je me hâte ici d'en goûter la douceur.
Ne vous allarmez point d'un malheur impossible :
Mon Fils à tant d'attraits ne peut être insensible ;
Et, quoi que vous pensiez, vous verrez dès ce jour,
Et son obéissance, & même son amour.
Je vais...

UN GARDE.

Le Prince vient, Seigneur.

CONSTANCE.
Je me retire,
Mais, si mes pleurs sur vous ont encor quelque empire...
ALPHONSE.
Cessez de m'affliger par cet injuste effroi,
Et de votre bonheur reposez-vous sur moi.

SCENE II.
ALPHONSE, DOM PEDRE.
ALPHONSE.
Les Peuples ont assez célébré vos conquêtes,
Prince ; il est tems enfin que de plus douces fêtes
Signalent cet hymen entre deux Rois juré,
Digne prix des exploits qui l'ont trop différé.
Cet hymen que l'amour, s'il faut que je m'explique,
Devroit presser encor plus que la politique,
Qui présente à vos vœux des vertus, des appas,
Que l'Univers entier ne rassembleroit pas.
Je m'étonne toujours que sur cette alliance
Vous m'ayez laissé voir si peu d'impatience ;
Que loin de me presser de couronner vos feux,
Il vous faille avertir, ordonner d'être heureux.
DOM PEDRE.
J'espérois plus, Seigneur, de l'amitié d'un Pere.
N'étoit-ce pas assez m'expliquer que me taire ?
J'ai cru sur cet hymen que mon Roi voudroit bien
Entendre mon silence, & ne m'ordonner rien.
ALPHONSE.
Ne vous ordonner rien! A ce mot téméraire,
Je sens que je commande à peine à ma colere ;
Et si je m'en croyois... Mais, Prince, ma bonté
Se dissimule encor votre témérité.

Ne

TRAGÉDIE.

Ne croyez pas qu'ici je vous fasse une offense
De dérober votre ame au pouvoir de Constance,
D'opposer à ses yeux la farouche fierté
D'un cœur inaccessible aux traits de la beauté;
Mais vous figurez-vous que ces grands hyménées,
Qui des Enfans des Rois règlent les destinées,
Attendent le concert des vulgaires ardeurs,
Et, pour être achevés, veuillent l'aveu des cœurs?
Non, Prince, loin du Trône un penser si bizarre;
C'est par d'autres ressorts que le ciel les prépare.
Nous sommes affranchis de la commune loi;
L'intérêt des Etats donne seul notre foi.
Laissons à nos Sujets cet égard populaire,
De n'approuver d'hymen que celui qui sait plaire,
D'y chercher le rapport des cœurs & des esprits:
Mais ce bonheur pour nous n'est pas d'assez haut prix;
Il nous est glorieux qu'un hymen politique
Assure à nos dépens la fortune publique.

DOM PEDRE.

C'est pousser un peu loin ces maximes d'Etat;
Et je ne croirai point commettre un attentat,
De vous dire, Seigneur, que malgré ces maximes,
La nature a ses droits plus saints, plus légitimes.
Le plus vil des mortels dispose de sa foi:
Ce droit n'est-il éteint que pour le Fils d'un Roi?
Et l'honneur d'être né si près du rang suprême,
Me doit-il en esclave arracher à moi-même?
Déja de mes discours frémit votre courroux;
Mais regardez, Seigneur, un Fils à vos genoux:
Prêtez à mes raisons une oreille de Pere.
Lorsque de Ferdinand vous obtintes la mere,
Sans daigner consulter ni mes yeux ni mon cœur,
Votre foi m'engagea, me promit à sa sœur.
Je sais que les vertus, les traits de la Princesse
Ne vous ont pas laissé douté de ma tendresse:
Vous ne pouviez prévoir cet obstacle secret,
Que le fond de mon cœur vous oppose à regret;

Et cependant il faut que je vous le révele ;
Je sens trop que le ciel ne m'a point fait pour elle ;
Qu'avec quelque beauté qu'il l'ait voulu former,
Mon destin pour jamais me défend de l'aimer.
Si mes jours vous sont chers, si depuis mon enfance
Vous pouvez vous louer de mon obéissance ;
Si par quelques vertus & par d'heureux exploits,
Je me suis montré Fils du plus grand de nos Rois ;
Laissez aux droits du sang céder la politique.
Épargnez-moi, de grace, un ordre tyrannique.
N'accablez point un cœur qui ne peut se trahir,
Du mortel désespoir de vous désobéir.

ALPHONSE.

Je vous aime ; & déjà d'un discours qui m'offense,
Vous auriez éprouvé la sévere vengeance,
Si, malgré mon courroux, ce cœur trop paternel
N'hésitoit à trouver en vous un criminel :
Mais ne vous flattez point de cet espoir frivole,
Que mon amour pour vous balance ma parole.
Écouterois-je ici vos rebelles froideurs,
Tandis qu'à Ferdinand, par ses Ambassadeurs,
Je viens de confirmer l'alliance jurée ?
Eh ! que devient des Rois la majesté sacrée,
Si leur foi ne peut pas rassurer les mortels,
Si leur Trône n'est pur autant que les Autels ;
Et si de leurs traités l'engagement suprême
N'étoit pas à leurs yeux le décret de Dieu même ?
Mais en rompant les nœuds qui vous ont engagé,
Voulez-vous que bientôt Ferdinand outragé,
Nous jurant désormais une guerre éternelle,
Accoure se venger d'un voisin infidelle ?
Que de fleuves de sang...

DOM PEDRE.

Ah ! Seigneur, est-ce à vous
A craindre d'allumer un si foible courroux ?

TRAGÉDIE.

Bravez des ennemis que vous pouvez abattre.
Quand on est sûr de vaincre, a-t-on peur de combattre?
La victoire a toujours couronné vos combats;
Et j'ai moi-même appris à vaincre sur vos pas.
Pourquoi ne pas saisir des palmes toutes prêtes?
Embrassez un prétexte à de vastes conquêtes;
Soumettez la Castille, & que tous vos voisins
Subissent l'ascendant de vos nobles destins.
Heureux, si je pouvois, dans l'ardeur de vous plaire,
Sceller de tout mon sang la gloire de mon Pere.

ALPHONSE.

Vos fureurs ne sont pas une régle pour moi:
Vous parlez en Soldat, je dois agir en Roi.
Quel est donc l'héritier que je laisse à l'Empire?
Un jeune audacieux, dont le cœur ne respire
Que les sanglans combats, les injustes projets,
Prêt à compter pour rien le sang de ses Sujets.
Je plains le Portugal des maux que lui prépare
De ce cœur effréné l'ambition barbare.
Est-ce pour conquérir que le ciel fit les Rois?
N'auroit-il donc rangé les Peuples sous nos loix
Qu'afin qu'à notre gré la folle tyrannie,
Osât impunément se jouer de leur vie?
Ah! jugez mieux du Trône; & connoissez, mon Fils,
A quel titre sacré nous y sommes assis.
Du sang de nos Sujets sages dépositaires,
Nous ne sommes pas tant leurs maitres que leurs peres;
Au péril de nos jours il faut les rendre heureux;
Ne conclure ni paix, ni guerre que pour eux;
Ne connoitre d'honneur que dans leur avantage:
Et quand dans ses excès notre aveugle courage
Pour une gloire injuste expose leurs destins,
Nous nous montrons leurs Rois moins que leurs assassins.

Songez-y : quand ma mort, tous les jours plus pro-
        chaine,
Aura mis en vos mains la grandeur Souveraine,
Rappellez ces devoirs, & les accomplissez.
Aujourd'hui mon Sujet, Dom Pedre obéissez ;
Et sans plus me lasser de votre résistance,
Dégagez ma parole, en épousant Constance.
En un mot, je le veux.

DOM PEDRE.

      Seigneur, ce que je suis
Ne me permet aussi qu'un mot ; je ne le puis.

SCENE III.

ALPHONSE, DOM PEDRE, LA REINE, INÉS.

ALPHONSE.

Madame, qui l'eût cru ! je rougis de le dire,
Le rebelle résiste à ce que je desire ;
Et malgré mes bontés, vient de me laisser voir
Cet inflexible orgueil que je n'osois prévoir.
Par l'affront solemnel qu'il fait à la Castille,
Il me couvre de honte, & vous, & votre Fille ;
Et je ne comprends pas par quel enchantement
J'en puis suspendre encor le juste châtiment.
N'est-ce point qu'à ce crime un autre l'enhardisse ?
Si de sa résistance il a quelque complice...

LA REINE.

Sa complice, Seigneur ; vous la voyez.

ALPHONSE.

        Inés!

TRAGÉDIE.

INÈS.
Moi?

LA REINE.
Le Prince séduit par ses foibles attraits,
Et plus, sans doute, encor par beaucoup d'artifice,
S'applaudit de lui faire un si grand sacrifice.
Il immole ma Fille à cet indigne amour.
J'en ai prévu l'obstacle ; &, depuis plus d'un jour,
Les regards de l'ingrat, toujours fixés sur elle,
M'en avoient annoncé la funeste nouvelle.
Tantôt à la perfide exposant mes douleurs,
J'étudiois ses yeux, que trahissoient les pleurs ;
Et son trouble perçant à travers son silence,
Me découvroit assez l'objet de ma vengeance.
A peine je sortois ; tous deux ils se sont vus,
Ils se sont en secret long-tems entretenus ;
Et tous deux confirmant mes premieres allarmes,
Ne se sont séparés que baignés de leurs larmes.
Regardez même encor ce coupable embarras...

INÈS, *au Roi.*
C'est en vain qu'on m'accuse ; & vous ne croirez pas...

DOM PEDRE.
Ne désavouez point, Inés, que je vous aime.
Seigneur, loin d'en rougir, j'en fais gloire moi-même ;
Mais, laissez sur moi seul tomber votre courroux.
Inés n'est point coupable ; & jamais...

ALPHONSE.
Taisez-vous.

(*A la Reine.*)

Madame, en attendant qu'elle se justifie,
Je veux qu'on la retienne, & je vous la confie.
Dans son appartement qu'on la fasse garder.

INÉS DE CASTRO,

DOM PEDRE.

O ciel! en quelles mains l'allez-vous hazarder!
Vous exposez ses jours...

ALPHONSE.

                Sortez de ma présence,
Ingrat; je mets encor un terme à ma vengeance:
Vous pouvez dans ce jour réparer vos refus;
Mais ce jour expiré, je ne vous connois plus.
Sortez.

DOM PEDRE.

       Ah! pour Inés tant de rigueur m'accable.
Je sors... (*A part.*) Mais je crains bien de revenir
  coupable.

SCENE IV.

ALPHONSE, LA REINE, INÉS.

ALPHONSE.

C'EN est donc fait; l'ingrat se soustrait à ma loi.
Que vais-je devenir! Serai-je Pere ou Roi!
Comment sortir du trouble où son orgueil me livre!
Ciel! daigne m'inspirer le parti qu'il faut suivre.

SCENE V.
LA REINE, INÈS.

LA REINE.

Vous ne voyez ici que cœurs défespérés ;
Mais je vous tiens captive, & vous m'en répondrez.
Quand le Roi laifferoit défarmer fa colere,
Vous ne fléchirez point une jalouse Mere ;
Et je vous jure ici que mon reffentiment
N'aura pas vu rougir ma Fille impunément.
Peut-être, si j'en crois la fureur qui me guide,
Sera-ce encor trop peu du sang d'une perfide ;
Et le Prince cruel qui nous ose outrager,
Pourroit... Vous pâliffez à ce nouveau danger.
Tremblez ; plus de vos cœurs je vois l'intelligence,
Plus votre frayeur même en hâte la vengeance.

SCENE VI.
LA REINE, INÉS, CONSTANCE.
LA REINE.

AH! ma Fille!...
CONSTANCE.
De quoi m'allez-vous informer?
Madame, tout ici conspire à m'allarmer.
J'ai vu sortir le Prince enflammé de colere;
Et la même fureur éclate au front du Pere.
De quels malheurs...
LA REINE.
Le Prince ose vous refuser:
Voilà, voilà l'objet qui vous fait méprifer.
Gardes, conduisez-la. Ma Fille est outragée:
Mais, dussai-je en périr, elle sera vengée.
CONSTANCE.
Ah! ne vous chargez pas de ces barbares soins.
Quand je serai vengée, en souffrirai-je moins?

Fin du second Acte.

ACTE III.

SCENE PREMIERE.
ALPHONSE, LA REINE.

ALPHONSE.

Oui, qu'elle vienne. Avant que mon cœur s'abandonne
Aux conseils violens que le courroux lui donne,
Il faut, de la prudence empruntant le secours,
D'un trouble encor naissant interrompre le cours.
Voyons Inés ; suivons ce que le ciel m'inspire :
Dans le fond de son cœur je me promets de lire,
Madame, je l'attends, qu'on la fasse venir ;
Je vais voir si je dois pardonner ou punir.

LA REINE.

Eh ! peut-elle, Seigneur, n'être pas criminelle ?
L'amour seul qu'elle inspire est un crime pour elle ;
Mais elle ne s'est pas bornée à le souffrir :
Soigneuse de l'accroître, ardente à le nourrir,
Et plus superbe encor par l'hymen qu'elle arrête,
Elle s'est tout permis pour garder sa conquête.
Un des siens me le vient d'avouer à regret :
Tous les jours auprès d'elle introduit en secret,
Le Prince ne suivant qu'un fol amour pour guide,
Va de ses entretiens goûter l'appas perfide.
Sans doute à la révolte elle ose l'enhardir.
La laisserez-vous donc encor s'en applaudir ;

Au lieu d'intimider aux dépens de sa vie
Celles que séduiroit son audace impunie ?
De la sévérité si vous craignez l'excès,
De la douceur aussi quel seroit le succès ?
Voulez-vous tous les jours qu'une fiere Sujette
Des Enfans de ses Rois médite la défaite ?
Que profitant d'un âge ouvert aux vains desirs,
Où le cœur imprudent vole aux premiers plaisirs,
Elle usurpe sur eux un pouvoir qui nous brave,
Et dans ses Souverains se choisisse une Esclave ?
Délivrez vos Enfans de ce funeste écueil ;
De ces fieres beautés épouvantez l'orgueil ;
Et qu'Inés condamnée apprenne à ces rebelles
A respecter des cœurs trop élevés pour elles.

ALPHONSE.

Je voulois la punir ; & mon premier transport
Avec vos sentimens n'étoit que trop d'accord :
Mais je ne suis pas Roi pour céder sans prudence
Aux premiers mouvemens d'une aveugle vengeance.
Il est d'autres moyens que je dois éprouver.
Ordonnez qu'elle vienne à l'instant me trouver.

TRAGÉDIE. 35

SCENE II.
ALPHONSE.

O Ciel! tu vois l'horreur du sort qui me menace!
Je crains toujours qu'un Fils, consommant son au-
    dace,
Ne me réduise enfin à la nécessité
De punir, malgré moi, sa coupable fierté.
N'oppose point en moi le Monarque & le Pere;
Chasse loin de mon Fils ce transport téméraire.
Je lui vais enlever l'objet de tous ses vœux ;
Fais qu'à ses feux éteints succédent d'autres feux ;
Qu'il perde son amour, en perdant l'espérance.
Protége, juste ciel! daigne aider ma prudence.

SCENE III.
ALPHONSE, INÉS.

ALPHONSE.

Venez, venez, Inés. Peut-être attendez-vous
Un rigoureux arrêt dicté par le courroux.
Vous jettez la discorde au sein de ma Famille ;
Contre le Portugal vous armez la Castille ;
Et vos yeux, seul obstacle à ce que j'ai promis,
M'allarment plus ici qu'un peuple d'ennemis.
Je veux bien cependant ne pas croire, Madame,
Que d'un Fils indiscret vous approuviez la flâme ;
Ni qu'en entretenant ses transports furieux,
Votre cœur ait eu part au crime de vos yeux ;
Je ne punirai point des malheurs que, peut-être,
Malgré votre vertu vos charmes ont fait naitre :
Quoi qu'il en soit, enfin, je veux bien l'ignorer.
Sans rien approfondir, il faut tout réparer.

INÉS.

Je l'ai bien cru, Seigneur, d'un Monarque équitable,
Qu'il ne se plairoit pas à me croire coupable ;
Que lui-même plaignant l'état où je me vois,
Ne m'accableroit point...

ALPHONSE.

     Inés, écoutez-moi.
De vos nobles Ayeux je garde la mémoire ;
Du Sceptre que je porte ils ont accru la gloire ;
Votre sang illustré par cent fameux exploits,
Ne le céde en ces lieux qu'à celui de vos Rois.

TRAGÉDIE.

Sur-tout à vôtre Ayeul, guide de mon enfance,
Je sais ce que mon cœur doit de reconnoissance.
C'est ce sage Héros qui m'apprit à régner;
Et par lui la vertu prit soin de m'enseigner
Comme on doit soutenir le poids d'une couronne,
Pour mériter les noms que l'Univers me donne;
D'un service si grand plus je vous peins l'éclat,
Plus vous voyez combien je craindrois d'être ingrat.
Recevez donc le prix de ce peu de sagesse
Que dès mes jeunes ans je dus à sa vieillesse;
Et vous-même jugez par d'illustres effets
Si je sais au service égaler les bienfaits.
Rodrigue est de mon sang; il vous aime, Madame;
Il m'a souvent pressé de couronner sa flâme.
Je vous donne à ce Prince; & par un si beau don,
Alphonse ne craint point d'avilir sa maison.
Mes Peuples par le rang où ce choix vous appelle
Connoitront de quel prix m'est un ami fidelle.
Je vais par vos honneurs apprendre au Portugal
Que qui forme les Rois est presque leur égal.

INÉS.

Des services des miens vantez moins l'importance;
L'honneur de vous les rendre en fut la récompense;
S'ils ont versé leur sang, il étoit votre bien;
Ils ont fait leur devoir; vous ne leur devez rien.
Mais si trop généreux votre bonté suprême
Vouloit en moi, Seigneur, payer leur devoir même,
Je vous demanderois, pour unique faveur,
De me laisser toujours maitresse de mon cœur.
Rodrigue par ses feux ne sert qu'à me confondre;
Je ne sens que l'ennui de n'y pouvoir répondre.
Eh! que me serviroient les honneurs éclatans
D'un hymen que jamais l'amour...

ALPHONSE.

Je vous entends;

Superbe, ce discours confirme mes allarmes.
Je vois à quel excès va l'orgueil de vos charmes.
Quoi! c'est donc pour mon Fils que vous vous ré-
　　servez?
Et c'est contre son Roi, vous, qui le soulevez?
Il vous tarde à tous deux qu'une mort desirée
Ne tranche de mes jours l'incommode durée.
Je gêne de vos feux l'ambitieuse ardeur.
Mon Fils doit avec vous partager sa grandeur;
Et le rebelle en proie à l'amour qui l'entraine,
Ne brûle d'être Roi que pour vous faire Reine.
Que sais-je même encor si, plus impatient,
Au mépris de la loi, peut-être l'oubliant,
Votre amour n'auroit point réglé sa destinée,
Et bravé les dangers d'un secret hyménée?

INÉS.

O ciel! que pensez-vous?

ALPHONSE.

　　　　　　　Si jamais vous l'osiez,
Si d'un nœud criminel je vous savois liés,
Téméraire, tremblez; n'espérez point de grace;
L'opprobre & le supplice expieroient votre audace,
C'est votre même Ayeul, dont je vante la foi,
Qui pour l'honneur du Trône en a dicté la loi;
Et jusques sur son sang, s'il se trouvoit coupable,
Me força d'en jurer l'exemple inviolable.
Il sembloit qu'il prévit l'objet de mon courroux,
Et qu'il faudroit un jour le signaler sur vous.
Inés, si vous osiez justifier ses craintes,
C'est lui que j'en atteste; insensible à vos plaintes,
Et prompt à prévenir des exemples pareils,
Aux dépens de vos jours je suivrois ses conseils,

SCENE IV.
LA REINE, ALPHONSE, INÈS.

LA REINE.

AH! Seigneur, prévenez la derniere disgrace ;
Le coupable Dom Pedre est déjà dans la place,
La fureur dans les yeux, les armes à la main,
Suivi d'un Peuple prêt à servir son dessein.
De tous côtés s'éleve une clameur rebelle ;
Chaque moment grossit la troupe criminelle ;
Tous jurent de le suivre ; & leurs cris aujourd'hui
Ne reconnoissent plus de Souverain que lui.
De ce Palais, sans doute, ils vont forcer la Garde.

ALPHONSE.
Ciel! à cet attentat faut-il qu'il se hazarde!
Malheur que je n'ai pû prévoir, ni prévenir!
C'en est fait. Allons donc me perdre où le punir.

(A la Reine.)

Vous, retenez Inès.

SCENE V.
LA REINE, INÉS.
LA REINE.

Voila donc votre ouvrage,
Perfide?

INÉS.

Épargnez-vous la menace & l'outrage.
Madame, puis-je craindre un impuissant courroux,
Quand je suis mille fois plus à plaindre que vous ?
Hélas ! d'Alphonse seul le sort vous inquiette.
Si Dom Pedre périt, vous êtes satisfaite.
L'un & l'autre péril accable mes esprits ;
Et je crains pour Alphonse autant que pour son Fils.
Quelque succès qu'il ait ; qu'il triomphe, ou qu'il meure,
Puisqu'il est criminel, il faut que je le pleure ;
Et c'est la même peine à ce cœur abattu
D'avoir à regretter sa vie, ou sa vertu.

LA REINE.

Osez-vous affecter ce chagrin magnanime,
Cruelle, quand c'est vous qui le forcez au crime ?
Quand vous voyez l'effet d'un amour applaudi,
Que, du moins, par l'espoir vous avez enhardi ?
Mais que fais-je ! Pourquoi perdre ici les paroles ?
La haine n'entre point dans ces détails frivoles ;
Et que ce soit, ou non, l'ouvrage de vos soins,
On vous aime, il suffit ; je ne vous hais pas moins.

TRAGÉDIE.

De Dom Pedre & de vous mes malheurs sont le cri-
  me,
Puissiez-vous l'un & l'autre en être la victime.
Quel bruit entends-je, ô ciel! c'est l'Infant que je voi;
O désespoir! sachons ce que devient le Roi.

SCENE VI.

DOM PEDRE, INÉS.

DOM PEDRE, *l'épée à la main.*

Enfin à la fureur d'une fiere ennemie,
Je puis, ma chere Inés, dérober votre vie;
Venez...

INÉS.

Qu'avez-vous fait, Prince? & faut-il vous voir
Pour mes malheureux jours trahir votre devoir!
Quoi! Dom Pedre, l'objet d'une flamme si belle,
N'est plus qu'un Fils ingrat & qu'un Sujet rebelle!
Voilà donc tout le fruit d'un funeste lien?
Votre crime aujourd'hui m'éclaire sur le mien.
Mais qu'apperçois-je, ô ciel! quel sang teint cette
  épée?
J'en frémis; dans quel sein l'auriez-vous donc trem-
  pée?

DOM PEDRE.

Par ces doutes affreux vous me glacez d'horreur,
Non, j'ai de ce péril affranchi ma fureur.
Aux portes du Palais dès que j'ai vu mon Pere
A nos premiers efforts opposer sa colere,

J'ai fui de sa préfence ; &, quittant les mutins,
Je me fuis jufqu'à vous ouvert d'autres chemins :
Et fur quelques Soldats laiffant tomber ma rage,
De qui m'a réfifté la mort m'a fait paffage.
Hâtez-vous, fuivez-moi.

INÉS.

Non, ne l'efpérez pas.
Prince, je crains le crime, & non point le trépas.
Dans ce défordre affreux, je ne puis vous entendre.
Allez à votre Pere, & courez le défendre.
Allez mettre à fes pieds ce fer féditieux ;
Méritez votre grace, ou mourez à fes yeux.
Je fouffrirai bien moins du deftin qui m'accable,
A vous perdre innocent, qu'à vous fauver coupable.

DOM PEDRE.

Laiffez-moi mettre, au moins, vos jours en fûreté,
Je ne crains que pour vous un Monarque irrité.
Laiffez-moi remporter ce fruit de mon audace ;
Et je reviens alors lui demander ma grace.
J'écoute jufques-là l'inflexible courroux ;
Et ne puis rien fur moi, tant que je crains pour vous.

INÉS.

Ah ! par tout ce qu'Inés eut fur vous de puiffance,
Reprenez, s'il fe peut, toute votre innocence.
Allez défavouer de coupables transports ;
Pour prix de mon amour, donnez-moi vos remords.
Mais fi vous m'en croyez moins qu'une aveugle rage,
Je demeure en ces lieux, & j'y fuis votre ôtage.

DOM PEDRE.

Quoi ! barbare, ofez-vous refufer mon fecours ?

SCENE VII.
CONSTANCE, DOM PEDRE, INÉS.

CONSTANCE.

AH! Dom Pedre, fuyez, il y va de vos jours.
Vous allez voir Alphonse ; & sa seule présence
A des séditieux désarmé l'insolence.
Ils n'ont pû soutenir sur son front irrité
La fureur confondue avec la majesté.
Tout est paisible. Il vient ; &, sa colere aigrie,
S'il vous voit...

DOM PEDRE.

   Est-ce à vous de trembler pour ma vie,
Généreuse Princesse ? & par quelle bonté
Prendre un soin que Dom Pedre a si peu mérité ?

CONSTANCE.

D'un vulgaire dépit j'étouffe le murmure ;
Je vois trop vos dangers pour sentir mon injure.
Ne perdez point de tems ; hâtez-vous & fuyez ;
Je vous pardonne tout, pourvu que vous viviez.
Ne vous exposez point à la rigueur fatale...
Fuyez, vous dis-je encor, fût-ce avec ma rivale.
O ciel ! le Roi paroît.

SCENE VIII.

ALPHONSE, CONSTANCE, DOM PEDRE, INÉS, LA REINE.

ALPHONSE, *sans voir Dom Pedre.*

Oui, trop coupable Fils,
De ta rebellion tu recevras le prix.
Rien ne peut te sauver... mais je vois le perfide.
Eh bien ! ton bras est-il tout prêt au parricide ?
Traitre, rends ton épée, ou m'en perce le sein.
Choisis.

DOM PEDRE.

Ce mot, Seigneur, l'arrache de ma main.
En vous la remettant ma perte est infaillible ;
Je ne connois que trop votre cœur inflexible ;
Mais je ne puis, malgré le péril que je cours,
Balancer un moment mon devoir & mes jours.
Disposez-en, Seigneur : mais que votre vengeance
Sache, au moins, discerner le crime & l'innocence.
C'est pour sauver Inés que je ne m'étois armé ;
J'en ai cru sans égard mon amour allarmé ;
Et je la dérobois au sort qui la menace,
Si sa vertu se fût prêté à mon audace.
Je n'ai pû la fléchir ; &, bravant mon effroi,
Elle veut en ces lieux vous répondre de moi,

TRAGÉDIE.

Reconnoissez, du moins, ce courage héroïque.
Délivrez-la, (*)Seigneur, d'une main tyrannique
Qui pourroit...

ALPHONSE.

Tu devrois t'occuper d'autres soins ;
Tu la servirois mieux en la défendant moins.
Crains pour elle & pour toi...

DOM PEDRE.

S'il faut qu'elle périsse ;
Hâtez-vous donc, Seigneur, d'ordonner mon supplice.
Songez, si vous n'usez d'une prompte rigueur,
Que tant que je respire il lui reste un vengeur.
Vainement vous croyez la révolte calmée ;
Il ne faut qu'un instant pour la voir rallumée :
Le peuple malgré vous peut briser ma prison.
Je ne connoîtrois plus ni devoir ni raison ;
Par des torrens de sang, s'il falloit les répandre ;
J'irois venger Inés, n'ayant pû la défendre ;
Dans mes transports cruels renverser tout l'Etat ;
Punir sur mille cœurs cet énorme attentat ;
Et du carnage alors ma fureur vengeresse
N'excepte que vos jours & ceux de la Princesse.

ALPHONSE.

Gardes, délivrez-moi de cet emportement ;
Et qu'il soit arrêté dans son appartement.
Fils ingrat & rebelle, où réduis-tu ton Pere ?
Faudra-t-il immoler une tête si chere !

──────────

(*) Montrant la Reine.

(A la Reine.)

Rentrez avec Inés..

(A Constance.)

Ne suivez point mes pas.
Dans ces affreux momens je ne me connois pas.

Fin du troisieme Acte.

ACTE IV.

SCENE PREMIERE.

ALPHONSE, à un Garde.

Qu'on m'amene mon Fils. Que mon ame est émue!
Quel sera le succès d'une si triste vûe!
Si, toujours inflexible, il brave encor mes loix;
Je vais donc voir mon Fils pour la derniere fois.
N'ai-je par tant de vœux obtenu sa naissance,
N'ai-je avec tant de soins élevé son enfance,
Et formé sur mes pas au mépris du repos!
Ne l'ai-je vu si-tôt égaler les Héros,
Que pour avoir à perdre une tête plus chere!
N'étoit-il donc, ô ciel! qu'un don de ta colere!
Seul, tu me consolois, mon Fils; &, sans chagrin,
Je sentois de mes jours le rapide déclin:
Dans un digne héritier je me voyois renaître:
Je croyois à mon Peuple élever un bon Maitre;
Et de ton régne heureux, présageant tout l'honneur,
D'avance je goûtois ta gloire, & leur bonheur.
Que devient désormais cette douce espérance?
Tu n'es plus que l'objet d'une juste vengeance.
Ton Pere & tes Sujets vont te perdre à la fois:
Ta mort est aujourd'hui le bien que je leur dois.
Ta mort! Et cet Arrêt sortiroit de ma bouche!
La nature frémit d'un devoir si farouche.
Je dois te condamner: mais mon cœur combattu
Ressent l'horreur du crime, en suivant la vertu.

Je ne sais quelle voix crie au fond de mon ame ;
Te justifie encor par l'excès de ta flâme ;
Me dit, pour excuser tes attentats cruels,
Que les plus furieux sont les moins criminels.
J'ai, du moins, reconnu que malgré ton ivresse,
Tu n'as point pour ton Pere étouffé ta tendresse ;
J'ai vû qu'au désespoir de me désobéir,
Tu mourois de douleur, sans pouvoir me haïr.
Mais de quoi m'entretiens-je ? & que prétends-je
  faire ?
Au mépris de mon rang ne veux-je être que Pere ?
Ah ! ce nom doit céder au sacré nom des Rois.
Quittons le diadême, ou vengeons-en les droits.
En pleurant le coupable, ordonnons le supplice ;
Effrayons mes Sujets de toute ma justice ;
Et que nul ne s'expose à sa sévérité,
En voyant que mon Fils n'en est pas excepté.

SCENE II.

TRAGÉDIE.

SCENE II.
ALPHONSE, DOM PEDRE.

ALPHONSE.

LE Conseil est mandé, Prince, je vais l'entendre.
Vous jugez de l'arrêt que vous devez attendre ;
Et quand par vos fureurs vous m'avez offensé,
C'est vous-même, mon Fils, qui l'avez prononcé.
Vous pouvez cependant mériter vôtre grace;
L'obéissance encor peut réparer l'audace.
Tout irrité qu'il est, ce cœur parle pour vous ;
Et je sens que l'amour y suspend le courroux.
Achevez de le vaincre. Un repentir sincere
Peut me rendre mon Fils, & va vous rendre un Pere.
C'est moi qui vous en prie, & dans mon tendre effroi,
Je cherche à vous fléchir moins pour vous que pour moi.
J'oublierai tout, enfin: dégagez ma promesse.
Il faut aujourd'hui même épouser la Princesse ;
Et si vous refusez ce nœud trop attendu,
J'en mourrai de douleur ; mais vous êtes perdu.

DOM PEDRE.

Connoissez votre Fils, Seigneur : malgré son crime,
Il tient encor de vous un cœur trop magnanime.
Les plus affreux périls ne sauroient m'ébranler.
Vous rougiriez pour moi, s'ils me faisoient trembler.
Je ne crains point la mort ; & ce que n'a pû faire
L'amour & le respect que je porte à mon Pere,
Les supplices tout prêts ne peuvent m'y forcer.
Voilà mes sentimens ; vous pouvez prononcer.

C

ALPHONSE.

Eh ! pourquoi conserver, en méritant ma haine,
Ce reste de respect qui ne sert qu'à ma peine ?
Laisse-moi plutôt voir un Fils dénaturé,
Un ennemi mortel contre moi conjuré,
Tout prêt à me percer d'un poignard parricide :
Raffermi ma justice encore trop timide ;
Et quand tu me réduis enfin à le vouloir,
Laisse-moi te punir, au moins, sans désespoir.

DOM PEDRE.

J'ai mérité la mort.

ALPHONSE.

Je t'offre encor la vie.

DOM PEDRE.

Que faut-il ?

ALPHONSE.

Obéir.

DOM PEDRE.

Elle m'est donc ravie.
Je ne puis à ce prix jouir de vos bontés.

ALPHONSE, aux Gardes.

Faites entrer les Grands ; & vous, Prince, sortez.

SCENE III.
ALPHONSE, RODRIGUE, HENRIQUE, & les autres GRANDS du Conseil.

ALPHONSE.

Que chacun prenne place. (*) Hélas! à mes alarmes
Je vois que tous les yeux donnent déjà des larmes.
D'un trouble égal au mien vous paroissez saisis:
Vous semblez tous avoir à condamner un Fils.
Triomphons, vous & moi, d'une vaine tristesse.
Que la seule Justice ici soit la maitresse.
Ceux que le ciel choisit pour le Conseil des Rois,
N'ont plus rien à pleurer que le mépris des Loix.
Vous savez que l'Infant par un refus rebelle,
Des Traités les plus saints rompt la foi solemnelle;
Qu'à la tête du Peuple aujourd'hui, l'inhumain
A forcé ce Palais les armes à la main;
Que content d'éviter l'horreur du parricide,
Il me laissoit en proie à ce Peuple perfide,
Qui promettoit ma tête & mon Trône à l'ingrat,
Si je n'eusse opposé l'audace à l'attentat.
Nous avez à venger la Grandeur souveraine:
Vous avez vu le crime; ordonnez-en la peine.
Vous, Rodrigue, parlez.

RODRIGUE.
Le devrois-je, Seigneur?
Je vous ai pour Inés fait connoitre mon cœur.

(*) Après qu'on s'est placé.

Peut-être, sans l'amour dont elle est prévenue,
De vous-même aujourd'hui je l'aurois obtenue ;
L'Infant seul, de ma flamme est l'obstacle fatal ;
Et vous me commandez de juger mon rival !
Consultez seulement votre propre clémence :
Ce que vous ressentez vous dit ce que je pense.
Pour ce cher criminel tout doit vous attendrir.
Peut-on délibérer s'il doit vivre ou mourir ?
Pardonnez mes transports ; mais c'est mettre en ba-
    lance
La grandeur de l'Empire avec sa décadence :
C'est douter si du joug il faut nous dérober,
Et si votre grand nom doit s'accroître ou tomber.
Eh ! quel autre après vous en soutiendroit la gloire ?
Qui, sous nos étendards, fixeroit la victoire ?
Vous ne l'avez point vu ; mais vos regards surpris
Auroient à tous ses coups reconnu votre Fils :
Et sur quelqu'attentat qu'il faille ici résoudre,
Dans ses moindres exploits, trouvé de quoi l'ab-
    soudre.
Il ose, dites-vous, violer les Traités ;
Mais les Traités des Rois sont-ils des cruautés ?
Faut-il aux intérêts, aux vœux de la Castille,
Immoler sans pitié votre propre famille ?
N'avez-vous pas, Seigneur, par vos empresse-
    mens,
Avec assez d'éclat dégagé vos sermens ?
Croyez que Ferdinand rougiroit si Constance
Ne tenoit un époux que de l'obéissance,
Tandis que l'amour peut la couronner ailleurs,
Et lui promet par-tout des sceptres & des cœurs.
Il force le Palais ; je conviens de son crime :
Mais vous-même jugez du dessein qui l'anime.
Il n'en veut point au Trône, il respecte vos jours ;
Au seul danger d'Inés il donne son secours.
Amant désespéré, plutôt que Fils rebelle,
Mérite-t-il la mort d'avoir tremblé pour elle ?

TRAGÉDIE.

Daignez lui rendre Inés ; vous retrouvez un Fils
Touché de vos bontés, & d'autant plus soumis.
Je dirai plus encor : s'il le faut, qu'il l'épouse.
Ce mot sort à regret d'une bouche jalouse ;
Mais dussai-je en mourir, sauvez votre soutien ;
Sa vie est tout, Seigneur, & la mienne n'est rien.

ALPHONSE.

Je reconnois mon sang. Cet effort magnanime,
Même en vous abusant, est bien digne d'estime.
Votre cœur à sa gloire immole son repos ;
Et vous prononcez moins en Juge qu'en Héros.
Mais écoutons Henrique.

HENRIQUE.

Hélas ! que puis-je dire ?
Dans le trouble où je suis, à peine je respire.
Oui, Seigneur ; & vos yeux, s'ils voyoient mes douleurs,
Entre Dom Pedre & moi partageroient leurs pleurs.
Dans le dernier combat il m'a sauvé la vie ;
Par le fer Africain elle m'étoit ravie,
Si ce généreux Prince, ardent à mon secours,
Au coup prêt à tomber n'eût dérobé mes jours.
C'est donc pour le juger que son bras me délivre !
A mon libérateur, ciel ! pourrois-je survivre !
Plus qu'à son Pere même il m'est cher aujourd'hui ;
Il tient de vous la vie, & je la tiens de lui.
Je sais pourtant, Seigneur, que la reconnoissance
Du devoir d'un Sujet jamais ne nous dispense.
Ce sacré Tribunal ne m'offre que mon Roi ;
Et je ne vois ici que ce que je vous doi.
C'est ma sincérité. Vous l'allez donc connoître.
Dans la peur d'être ingrat, je ne serai point traître.
Dom Pedre par son crime a mérité la mort ;
Et les Loix, malgré vous, décident de son sort.

La Majesté suprême une fois méprisée,
Sans le sang criminel ne peut être appaisée :
Et ces droits qu'aujourd'hui doivent venger vos coups,
Sont ceux de votre rang, & ne sont point à vous.
Quoique d'un tel Arrêt la rigueur vous confonde,
Vous en êtes comptable à tous les Rois du monde.
Je n'ose dire plus...

ALPHONSE.

Acheve.

HENRIQUE.

Je ne puis.

ALPHONSE.

Ne me déguise rien ; tu le dois.

HENRIQUE.

J'obéis.
S'il faut qu'en sa faveur la pitié vous fléchisse,
Vous ne régnerez plus qu'au gré de son caprice.
Le Peuple qui croira qu'il s'est fait redouter,
Sur ses moindres chagrins prêt à se révolter,
Et méprisant pour lui vos ordres inutiles,
Va livrer tout l'État aux discordes civiles.
Vous verriez tous les cœurs appuyer ses projets ;
Vous n'auriez qu'un vain Trône, il auroit les Sujets.
Ma parole tremblante à chaque instant s'arrête.
Il a sauvé mes jours, & je proscris sa tête :
Mais je dois à mon Roi de sinceres avis :
Ma mort acquittera ce que je dois au Fils.

TRAGÉDIE.

ALPHONSE.

De la foi d'un Sujet, ô prodige héroïque !
Alphonse en ce moment pourra-t-il moins qu'Henrique !
Je vois ce qu'il t'en coûte ; & tu m'apprends trop bien,
Qu'où la Justice parle, on doit n'écouter rien.
Oui, oui, de ta vertu l'autorité suprême
L'emporte dans mon cœur sur la nature même.

(Aux autres Conseillers.)

Je vois trop vos conseils. Ce silence, ces pleurs
M'annoncent mon devoir, en plaignant mes malheurs.
Je condamne mon Fils ; il va perdre la vie ;
C'est à vous, chers Sujets, que je le sacrifie.
Quelque crime où l'ingrat se soit abandonné,
Si je n'étois que Pere, il seroit pardonné.
Consolez-vous. Songez que ma prompte vengeance
Délivre vos Enfans d'une injuste puissance ;
Qu'on doit tout redouter de qui trahit la Loi ;
Et qu'un Sujet rebelle est tyran, s'il est Roi.
L'Arrêt en est porté. Que chacun se retire ;
Et vous, de son destin, Mandoce, allez l'instruire.

SCENE IV.
ALPHONSE.

Mais quel sera le mien ! malheureux, qu'ai-je fait !
Devoir impitoyable, êtes-vous satisfait !
Je la puis donc goûter, cette gloire inhumaine
Qu'a connue avant moi la fermeté Romaine !
Sévere Manlius, inflexible Brutus,
N'ai-je pas égalé vos féroces vertus ?
Je prononce un Arrêt que mon cœur désavoue.
Eh bien ! que l'Univers avec horreur te loue,
Monarque infortuné ! mais d'un si grand effort,
Je ne souhaite plus d'autre prix que la mort.

SCENE V.
ALPHONSE, CONSTANCE, LA REINE.

CONSTANCE.

Seigneur, le croirons-nous, ce jugement barbare ?
Tout le Conseil en pleurs d'avec vous se sépare.
Nos malheurs sont écrits sur ce front éperdu.
Vous avez condamné votre Fils !

ALPONSE.
       Je l'ai dû.

CONSTANCE.
Pouvez-vous l'avouer ? Ciel ! & puis je l'entendre !

LA REINE.
Quel supplice cruel pour un Pere si tendre !
Et faut-il que l'Infant par sa témérité
Vous ait réduit, Seigneur, à la nécessité
De...

ALPHONSE.
Pourquoi jugez-vous sa mort si nécessaire,
Madame ? quand j'ai fait ce que je devois faire ;
Quand, malgré mon amour, j'ose le condamner,
C'est à vous de penser que j'ai dû pardonner.
Je vois trop qu'aujourd'hui mon Fils n'a plus de Mere,
Je vais le pleurer seul.

SCENE VI.
CONSTANCE, LA REINE.
CONSTANCE.

Ah ! si je vous suis chere,
Madame, profitez de cet heureux moment ;
Redoublez par vos pleurs son attendrissement :
Sauvez un malheureux du coup qui le menace ;
Allez, parlez, pressez ; vous obtiendrez sa grace.
LA REINE.
Je le suis. De mes soins attendez le succès.
CONSTANCE.
Je remets en vos mains mes plus chers intérêts.

SCENE VII.
CONSTANCE.

Garde, cherchez Inés ; qu'un moment on l'a-
mene.
Je dois l'entretenir par l'ordre de la Reine.
(Le Garde sort.)
Il le faut ; pour sauver de si précieux jours,
De ma propre rivale implorons le secours ;
Heureuse qu'il vécût, fût-ce pour elle-même,
Il n'importe à quel prix je sauve ce que j'aime.

SCENE VIII.
CONSTANCE, INÈS.
CONSTANCE

Dom Pedre est condamné, Madame.
INÈS.
O désespoir !
CONSTANCE.
Vous savez mon amour ; & vous avez pû voir
Que malgré ses refus, malgré ma jalousie,
Je ne connois encor d'autre bien que sa vie.
La Reine va tâcher de fléchir un Epoux ;
Moi-même je ne puis qu'embrasser ses genoux.
Mais quel foible secours contre un Roi si sévere !
Si, pour le mieux servir, votre amour vous éclaire,
Vous savez quels amis peuvent s'unir pour lui,
Par quelle voie il faut s'en assurer l'appui ;
Je suis prête à tenter, pour obtenir qu'il vive,
Tout ce que vous feriez si vous n'étiez captive ;
Vos conseils sont des loix que vous m'allez dicter,
Et qu'au prix de mes jours je cours exécuter.
INÈS.
Dans un trouble si grand j'ai peine à vous répondre.
Mes frayeurs, vos bontés, tout sert à me confondre.
Le Prince ne vous doit paroître qu'un ingrat ;
D'un outrage apparent vous avez vu l'éclat.
Je ne suis à vos yeux qu'une indigne rivale ;
Cependant...
CONSTANCE.
Qu'aujourd'hui la vertu nous égale.
Le Prince nous est cher, songeons à le sauver,
Et sans autre intérêt que de le conserver.

INÈS.

Ce discours généreux raffermit ma constance.
Il me reste, Madame, encor une espérance.
Vous seule auprès du Roi, m'ouvrant un libre accès,
Pouvez de mes desseins préparer le succès.
La Reine arrêteroit ce que j'ose entreprendre.
Parlez vous-même au Roi ; qu'il consente à m'entendre.
J'espere, en le voyant, désarmer son courroux.
Je sauverai le Prince ; &, peut-être, pour vous.

CONSTANCE.

Vous me feriez, Madame, une injure cruelle,
De penser que ce mot pût redoubler mon zele.
Mon cœur brûle pour lui d'un feu plus généreux :
L'honneur de le sauver est tout ce que je veux.
Rentrez. Je vais au Roi faire parler mes larmes ;
Puisse aujourd'hui le ciel vous prêter d'autres armes !
Qu'il redonne le Prince à nos vœux empressés ;
Il n'importe pour qui : qu'il vive ; c'est assez.

Fin du quatrieme Acte.

ACTE V.

SCENE PREMIERE.
LA REINE, CONSTANCE.

LA REINE.

Qu'avez-vous obtenu ? vous êtes outragée,
Ma Fille ; & vous semblez craindre d'être vengée !
Quels sont donc vos desseins, & pour quels intérêts
Prétendez-vous qu'Alphonse écoute encor Inés ?
Pourquoi, loin de sentir une injure cruelle,
Mendier par vos pleurs une injure nouvelle ?
Vous exposer à voir deux Amans odieux
De vos maux & des miens triompher à nos yeux ?

CONSTANCE.

Ah ! sans me reprocher ma pitié généreuse,
Souffrez que la vertu, du moins, me rende heureuse ;
C'est pour ne point rougir des affronts qu'on m'a faits,
Qu'il faut ne m'en venger que par mes seuls bienfaits.
Quand Lisbonne avec vous a reçu votre Fille,
Ses peuples bénissoient les dons de la Castille.
Leurs cris remplissoient l'air des plus tendres souhaits ;
Ils croyoient avec moi voir arriver la paix.
Quelle paix, juste ciel ! quelle paix sanguinaire !
Je leur apportois donc la céleste colere !

Je venois diviser les cœurs les plus unis,
Et par la main du Pere assassiner le Fils!
Quoi! leurs pleurs désormais accuseroient Cons-
tance
De la mort d'un Héros, leur unique espérance!
Hélas! ce seul penser redouble mes terreurs.
Puisse l'heureuse Inés prévenir ces horreurs.
Je n'ose me flatter du succès qu'elle espere ;
Mais, Madame, à ce prix qu'elle me seroit chere!

LA REINE.

Et moi dans les chagrins que tous deux m'ont don-
nez,
Je les hais d'autant plus que vous leur pardonnez.
Je ne puis voir trop tôt expirer mes victimes ;
Vous avoir méprisée, est le plus grand des crimes.
Et comment d'un autre œil verrois-je l'inhumain,
Qui vous fait le jouet d'un farouche dédain ?
Dom Pedre a pû lui seul vous faire cet outrage ;
C'est un monstre odieux trop digne de ma rage.
Je sens pour vous l'affront que vous ne sentez pas ;
Et je voudrois payer sa mort de mon trépas.

CONSTANCE.

Vous voulez donc le mien ?

LA REINE.

L'aimeriez-vous encore?

CONSTANCE.

Oui : tout ingrat qu'il est, Madame, je l'adore.
Cachez-moi les transports d'une aveugle fureur ;
Ce sont autant de coups dont vous percez mon cœur,

TRAGEDIE.

LA REINE.

Il en est plus coupable. O Fille infortunée !
A quels affreux destins êtes-vous condamnée !
Je ne sais ce qu'Inés peut attendre du Roi ;
Mais enfin son espoir m'a donné trop d'effroi.
S'il faut qu'à ses discours Alphonse s'attendrisse,
S'il pouvoit de l'ingrat révoquer le supplice,
Croyez que du succès qu'Inés ose tenter,
Son orgueil n'auroit pas long-tems à se flatter.
Je ne dis rien de plus. La fureur qui m'anime
Vous laisse vos vertus, & se charge du crime.

CONSTANCE.

Ah ! par pitié pour moi, sauvez ces malheureux.

LA REINE.

C'est par pitié pour vous que je m'arme contre eux.

CONSTANCE.

Faut-il que votre amour aigrisse mes allarmes !

SCENE II.
ALPHONSE, LA REINE, CONSTANCE.

ALPHONSE.

Princesse, je n'ai pû résister à vos larmes.
Je vais entendre Inés ; on la conduit ici :
Mais elle espere en vain... Laissez-moi ; la voici.

LA REINE.
Songez, en l'écoutant, qu'elle est la plus coupable.

CONSTANCE.
Seigneur, jettez sur elle un regard favorable.

TRAGÉDIE.

SCENE III.
ALPHONSE, INÈS, UN GARDE.

INÈS.

C'Est, je n'en doute point, pour la derniere fois
Que j'adresse à mon Prince une timide voix.
Mais avant tout, Seigneur, agréez que ce Garde
Que je viens d'informer d'un soin qui me regarde,
Aille dès ce moment...

ALPHONSE.
Il faut vous l'accorder.
(*Au Garde.*)
Faites ce qu'elle veut.

INÈS, *au Garde.*
Revenez sans tarder.

SCENE IV.
ALPHONSE, INÈS.
INÈS.

Vous l'avez condamné, Seigneur, malgré vous-
 même,
Ce Fils que vous aimez, ce Héros qui vous aime ;
Et ce front tout couvert du plus affreux ennui,
Marque assez la pitié qui vous parle pour lui.
Vous ne l'écoutez point. L'inflexible Justice
De tous vos sentimens obtient le sacrifice.
Vous voulez, aux dépens des destins les plus chers,
D'une vertu si ferme étonner l'Univers.
Soyez juste ; des Rois c'est le devoir suprême :
Mais le crime apparent n'est pas le crime même.
Un ingrat, un rebelle est digne du trépas.
A ces titres, Seigneur, votre Fils ne l'est pas.
Si, malgré les Traités, il refuse Constance,
Ce n'est point un effet de désobéissance.
En forçant ce Palais, les armes à la main,
Il n'a point attenté contre son Souverain.
Il vous pouvoit d'un mot prouver son innocence ;
Mais il croit me devoir ce généreux silence :
Et, pour lui dédaignant un facile secours,
Il aime mieux mourir que d'exposer mes jours.
C'est à moi d'éclairer la justice d'Alphonse.
Que sur la vérité votre bouche prononce.
Ces crimes qu'aujourd'hui poursuit votre courroux,
Le devoir les a faits ; le Prince est mon Époux.
ALPHONSE.
Mon Fils est votre Époux ! ciel ! que viens-je d'en-
 tendre !
Et sur qu'elle espérance osez-vous me l'apprendre ?

TRAGÉDIE. 67

Quand vous voyez pour lui l'excès de ma rigueur,
Pensez-vous pour vous-même attendrir mieux mon cœur ?

INÉS.

Ah ! Seigneur, mon aveu ne cherche point de grace.
D'un plus heureux succès j'ai flatté mon audace ;
Et je ne prétends rien, en vous éclaircissant,
Que livrer la coupable, & sauver l'innocent.
Seule j'ai violé cette loi redoutable
Que vous m'avez tantôt jurée inviolable ;
J'ai mérité la mort : mais, Seigneur, cette loi
N'engageoit point le Prince, & ne lioit que moi.
Je ne m'excuse point par l'amour le plus tendre,
Par le péril pressant dont il falloit défendre
Un Fils que vos yeux même ont vu prêt à périr,
Que le don de ma foi pouvoit seul secourir.
À mes propres regards j'en suis moins criminelle ;
Mais aux vôtres, Seigneur, je suis une rebelle
Sur qui ne peut trop tôt tomber votre courroux,
Trop flattée à ce prix de sauver mon Époux.
En me donnant à lui, j'ai conservé sa vie ;
Pour le sauver encor, Inés se sacrifie :
Je me livre, sans crainte, aux plus sévères loix ;
Heureuse d'avoir pû vous le sauver deux fois !

ALPHONSE.

Non, non, quelque pitié qui cherche à me surprendre,
Même de vos vertus je saurai me défendre,
Rebelle, votre crime est tout ce que je vois ;
Et je satisferai mes sermens & les loix.

SCENE V.

ALPHONSE, INÉS, & ses deux ENFANS,
amenés par une Gouvernante.

INÉS.

Eh bien! Seigneur, suivez vos barbares maximes;
On vous amene encor de nouvelles victimes.
Immolez sans remords, & pour nous punir mieux,
Ces gages d'un hymen si coupable à vos yeux.
Ils ignorent le sang dont le ciel les fit naître:
Par l'Arrêt de leur mort faites-les reconnoître:
Consommez votre ouvrage ; & que les mêmes
  coups
Rejoignent les Enfans, & la Femme & l'Epoux.

ALPHONSE.

Que vois-je! & quels discours! que d'horreurs j'en-
 visage!

INÉS.

Seigneur, du désespoir pardonnez le langage.
Tous deux à votre Trône ont des droits solemnels.
Embrassez, mes Enfans, ces genoux Paternels.
D'un œil compatissant, regardez l'un & l'autre ;
N'y voyez point mon sang, n'y voyez que le vôtre.
Pourriez-vous refuser à leurs pleurs, à leurs cris
La grace d'un Héros, leur Pere & votre Fils.
Puisque la loi trahie exige une victime,
Mon sang est prêt, Seigneur, pour expier mon crime.
Epuisez sur moi seule un sévere courroux ;
Mais cachez quelque tems mon sort à mon Epoux ;
Il mourroit de douleur, & je me flatte encore,
De mériter de vous ce secret que j'implore.

TRAGÉDIE. 63

ALPHONSE, au Garde.

Allez chercher mon Fils. Qu'il sache qu'aujourd'hui
Son Pere lui fait grace, & qu'Inés est à lui.

INÉS.

Juste ciel! quel bonheur succéde à ma misere!
Mon Juge en un instant est devenu mon Pere!
Qui l'eût jamais pensé, qu'à vos genoux, Seigneur,
Je mourrois de ma joie, & non de ma douleur!

ALPHONSE.

Ma Fille, levez-vous. Ces Enfans que j'embrasse
Me font déjà goûter les fruits de votre grace:
Ils me font trop sentir que le sang a des droits
Plus forts que les sermens, plus puissans que les loix:
Jouissez désormais de toute ma tendresse.
Aimez toujours ce Fils que mon amour vous laisse.

INÉS.

Quel trouble! que deviens-je! & qu'est-ce que je
 sens?
Des plus vives douleurs quels accès menaçans!
Mon sang s'est tout-à-coup enflammé dans mes
 veines.
Éloignez mes Enfans; ils irritent mes peines.
Je succombe. J'ai peine à retenir mes cris.
Hélas! Seigneur, voilà ce qu'a craint votre Fils.

ALPHONSE.

Ah! je vois trop d'où part cet affreux sacrifice,
Et la perfide main qu'il faut que j'en punisse.
Malheureux, où fuirai-je! & de tant d'attentats,

SCENE DERNIERE.

ALPHONSE, INÉS, DOM PEDRE.

DOM PEDRE, *sans voir Inés*.

Seigneur, à mes transports ne vous dérobez pas;

ALPHONSE.

Laissez-moi...

DOM PEDRE.

Permettez qu'à vos pieds je déploie
Et ma reconnoissance & l'excès de ma joie.
Vous me rendez Inés !

ALPHONSE.

Prince trop malheureux !
Je te la rends en vain, nous la perdons tous deux.
Tu la vois expirante.

DOM PEDRE, *tombant entre les bras de Dom Fernand*.

Ah ! tout mon sang se glace.

INÉS, *à Dom Pedre*.

J'éprouve en même tems mon supplice & ma grace ;

Cher Prince, je ne puis me plaindre de mon sort,
Puisqu'un moment, du moins, dans les bras de la mort,
Je me vois votre Épouse avec l'aveu d'un Pere ;
Et que ma mort lui coûte une douleur sincere.

DOM PEDRE.

Votre mort ! Que deviens-je, à ces tristes accens !
Quel affreux désespoir a ranimé mes sens !
Inés, ma chere Inés pour jamais m'est ravie !
Ce fer (*) m'est donc rendu pour m'arracher la vie.

ALPHONSE.

Ah ! mon Fils, arrêtez.

DOM PEDRE.

Pourquoi me secourir ?
Soyez encor mon Pere, en me laissant mourir.

(*Se jettant aux pieds d'Inés.*)
Que j'expire à vos pieds ; & qu'unis l'un à l'autre,
Mon ame se confonde encor avec la vôtre.

INÉS.

Non, cher Prince, vivez. Plus fort que vos malheurs,
D'un Pere qui vous plaint soulagez les douleurs.
Souffrez encor, souffrez qu'une Épouse expirante
Vous demande le prix des vertus de l'Infante.
Par ses soins généreux songez que vous vivez.
Puisse-t-elle jouir des jours qu'elle a sauvez !
Plus heureuse que moi... consolez votre Pere !
Mais n'oubliez jamais combien je vous fus chere.

(*) Il veut se frapper.

Aimez nos chers Enfans ; qu'ils soient digne... je meurs.
Qu'on m'emporte.

ALPHONSE.

Comment survivre à nos malheurs ?

Fin du cinquieme & dernier Acte.

ŒDIPE,
TRAGÉDIE
EN CINQ ACTES,

Par M. Houdart de la Motte;

Représentée pour la premiere fois par les Comédiens François ordinaires du Roi le 18 Mars 1726.

A
SON ALTESSE SERENISSIME
MADAME
LA DUCHESSE
DU MAINE.

ADAME,

LE ſuffrage de VOTRE ALTESSE SÉRÉNIS-
SIME, me flate trop pour ne pas ſaiſir l'occa-
ſion de m'en faire honneur, en mettant cette
Tragédie ſous vos auſpices. Vous lui avez

A ij

applaudi à la lecture ; &, dès ce moment, MADAME, je jouis de l'approbation publique que me garantiſſoit la vôtre. Pour faire de ma Tragédie une apologie triomphante, je n'aurois qu'à répéter les raiſons dont vous voulicz bien appuyer votre ſuffrage : mais qui peut dire les choſes comme vous les dites ; & comment en conſerver tout le prix ? Je ne parle pas ſeulement de ces graces qui vous ſont propres, & qui ſuffiroient ſeules à la perſuaſion ; je parle encore de ce raiſonnement ſolide, dont la force, la juſteſſe & la préciſion ont un charme ſupérieur aux graces mêmes. Oui, MADAME, (je l'ai penſé toutes les fois que j'ai eu l'honneur de vous entendre,) l'eſprit & le génie ſçavent faire de la langue comme une langue particuliere ; & vous prêtez tous les jours à la nôtre des beautés auſſi naturelles qu'imprévûes, & qui ſemblent devoir s'offrir d'elles-mêmes, quoiqu'il ſoit ſi rare de les rencontrer. Qu'il m'eſt glorieux, MADAME, d'avoir pû con-

EPITRE.

tenter un goût aussi éclairé ! Mais ce qui m'en flate le plus ; c'est l'occasion de vous offrir avec quelque confiance, l'hommage le plus sincere, & de vous assurer du profond respect avec lequel je suis,

MADAME,

DE VOTRE ALTESSE SÉRÉNISSIME,

Le très-humble & très-obéissant serviteur,
HOUDART DE LA MOTTE.

ACTEURS.

ŒDIPE.
JOCASTE.
ÉTÉOCLE.
POLINICE.
DYMAS.
PHŒDIME.
POLÉMON.
GARDES.

La Scene est dans le Palais des Rois de Thèbes.

ŒDIPE,
TRAGÉDIE.

ACTE PREMIER.

SCENE PREMIERE.
ŒDIPE, DYMAS.

DYMAS.

Quels ordres ! non, Seigneur ; ce seroit vous trahir.
Non ; l'horreur que je sens, me défend d'obéir.

ŒDIPE.

Rassure-toi, Dymas, Touché de tes allarmes ;
Ton Roi, je l'avouerai, te sçait gré de tes larmes:
Mais quelque trouble ici qui puisse t'émouvoir,
Peut-il un seul instant balancer ton devoir ?

A iv

ŒDIPE,

Va ; ne perds point de tems : averti le Grand-Prêtre
De l'effort que le ciel exige de ton Maître :
Qu'il prépare les vœux , & l'Autel & l'encens ;
Et qu'au Temple appellés, les Thébains gémissans
Viennent me voir calmer la céleste vengeance,
Et des jours de leur Roi , payer leur délivrance.

DYMAS.

Ah ! ne m'accablez pas de cet ordre absolu,
Seigneur ; ce dévouement est-il donc résolu ?
Quel Dieu vous a parlé ? Par quelle loi suprême
Etes-vous donc forcé. ?

ŒDIPE.

     C'est Apollon lui-même:
Je l'ai vû cette nuit de ses flêches armé,
Le front terrible , & l'œil de courroux enflammé ,
Trois fois dans mes esprits répandre l'épouvante.
Je suis encor frappé de sa voix menaçante.
Ce n'étoit point un songe. A l'éclat qui m'a lui ,
De mes yeux étonnés, le sommeil avoit fui.
Je tombois à ses pieds. Mes soupirs & mes larmes,
Pour mon peuple, imploroient la fin de nos allarmes.
Trois fois il m'a redit, en dédaignant mes pleurs,
Que Thèbes demeuroit en proie à ses fureurs,
Si, pour la dérober à ce fléau funeste,
Mon sang ne désarmoit la colere céleste.
Je ne balance point. Dissipe ton effroi.
Va ; j'obéis aux Dieux, obéis à ton Roi.

TRAGÉDIE.

SCÈNE II.
ŒDIPE, JOCASTE, DYMAS, PHŒDIME.

JOCASTE.

Où courez-vous, Seigneur ? Parlez ; & que je sçache
Quel important dessein de ces lieux vous arrache.

DYMAS.

Le Roi veut aujourd'hui mourir pour les Thébains,
Madame ; & son salut n'est plus qu'entre vos mains.
Prêt à donner aux Rois un si tragique exemple,
C'est pour tout préparer, qu'il m'envoyoit au Temple.

ŒDIPE.

C'est trop me résister. Obéis-moi, Dymas.

DYMAS.

Quoi qu'il pût m'en coûter, je n'obéirois pas,
Madame, si mon cœur, pour calmer ses allarmes,
Ne s'assuroit encor du pouvoir de vos larmes.

SCENE III.

ŒDIPE, JOCASTE, PHŒDIME.

JOCASTE.

Œdipe veut mourir ! l'ai je bien entendu ?
Déjà la voix me manque ; & mon cœur éperdu..

ŒDIPE.

J'attends de votre amour un autre témoignage ;
Jocaste. Il faut ici respecter mon courage.
Songez que ce dessein, puisque je m'y résous,
Est digne d'un grand Roi, digne de votre époux ;
Et que le nœud sacré qui nous joint l'un à l'autre,
Du devoir d'un époux fait aujourd'hui le vôtre.

JOCASTE.

Œdipe veut mourir ! & quand j'en veux douter ;
Votre bouche cruelle ose me l'attester.
Que vous ai-je donc fait pour m'arracher la vie ?

ŒDIPE.

Par un ordre divin, la mienne m'est ravie.
Les Dieux m'ont cette nuit prononcé leurs decrets.
J'obéis. Vous pleurez ! mais pourquoi ces regrets ?
Songez depuis quel tems mon ame est accablée
Sous le fléau mortel dont Thébe est désolée :
Que mon Peuple périt ; qu'ardent à son secours,
Dans les plus tristes soins je consume mes jours :
En vain je les console ; en vain je les rassure ;
On méconnoît par-tout l'amour & la nature.
Plus de liens sacrés & plus de cœurs unis.
Le frere fuit le frere ; & le pere, le fils.

Les femmes, au mépris des nœuds qui les attachent,
Des bras de leurs époux avec horreur s'arrachent.
L'effroi d'un prompt trépas & d'un affreux tourment
Éteint dans tous les cœurs tout autre sentiment.
Il faut pour mes Sujets, dans ce désordre extrême,
Que de tous les devoirs je me charge moi-même,
Sans pouvoir leur donner, dans ce commun effroi,
D'autre soulagement que les pleurs de leur Roi.
Voilà de quelle horreur mon trépas me délivre.
Je sauve mes Sujets, quand je cesse de vivre.
Ne voyez point ma mort ; n'en voyez que l'honneur ;
Et je m'applaudirois même de mon bonheur,
Si d'un si beau trépas la fortune jalouse
Ne laissoit dans les pleurs mes fils & mon épouse.

JOCASTE.

D'horreur & de surprise accablée à la fois,
Je cherchois vainement l'usage de ma voix :
L'excès du désespoir doit enfin me le rendre.
Croyez-vous donc, malgré ce que je viens d'entendre,
Pouvoir, sans mon aveu, disposer de vos jours ?
Songez-vous quel serment m'en engage le cours ;
Et que du saint hymen l'autorité suprême
Me donne autant de droit sur vos jours, qu'à vous-même ?
Que sert de m'annoncer l'ordre incertain des Dieux ?
Ah ! que ces Dieux cruels paroissent à mes yeux ;
Que, la foudre à la main, condamnant l'un & l'autre,
Ils viennent demander & ma vie & la vôtre :
Alors, oui, prête alors à me sacrifier,
J'obéis ; & mon sang coulera le premier.
Mais vous ne m'alleguez peut-être qu'un vain songe,
Funeste fruit des maux où le Destin nous plonge.
De l'erreur de vos sens vous faisant un devoir,
Vous ne comptez pour rien Jocaste au désespoir ;
Jocaste, cette épouse autrefois si chérie,
Qui vous donna sa main, & son trône & sa vie ;

A vj

ŒDIPE,

Qui, s'il faut l'avouer, pour se donner à vous,
Brava, sans balancer, le céleste courroux,
Dont je devois subir les fureurs vengeresses,
Si jamais de l'Amour j'écoutois les foiblesses.
D'un crime fait pour vous, qu'il falloit prévenir,
C'est vous-même, vous seul qui voulez me punir.

ŒDIPE.

De grace épargnez-moi de si rudes atteintes.
N'abusez point ici du pouvoir de vos plaintes.
Votre amour est en droit d'exiger tout. Eh ! bien !
C'est par ce même amour qui couronna le mien,
Par vos sermens, toujours présens à ma mémoire,
Qu'un époux vous invite à respecter sa gloire :
En apprenant mon sort, voyez ce que je dois.
Le ciel ne m'a point fait naître du sang des Rois ;
Je vous l'ai déjà dit. Mais il faut plus vous dire :
Mon obscure naissance auroit dû m'interdire
L'espoir ambitieux d'égaler les héros.
Cependant, dès l'enfance indigné du repos,
Je ne sçais quel instinct, je ne sçais quelle audace,
Au mépris des périls, m'appelloit sur leur trace.
Ce superbe desir fut lui seul écouté ;
Et des champs paternels fuyant l'oisiveté,
Résolu désormais de n'avoir de patrie
Que les lieux où la gloire illustreroit ma vie,
Aux Autels d'Apollon j'offris mes premiers vœux.
Quelle fut sa réponse ! Où cours tu, malheureux,
Dit-il ? De quels honneurs conçois-tu l'espérance ?
Tu quittes pour jamais la paix & l'innocence.
Retourne : ou tu vas voir, si tu ne m'en crois pas,
Les malheurs & le crime attachés à tes pas.
Pour mon ambition ce fut un vain obstacle.
Tout mon cœur révolté démentit cet Oracle.
Je sentis du plaisir à braver le malheur ;
Et le crime parut impossible à mon cœur.

TRAGÉDIE.

Je pris le nom d'Œdipe ; & de dangers avide,
Je cherchai les brigands oubliés par Icide ;
Et lorsque mon courage, après quelques essais,
Put se promettre à Thébe un plus noble succès ;
Quand j'appris que le Sphinx pouvoit combler ma
   gloire,
Et que le Trône étoit le prix de la victoire ;
Mon espoir me servit de guide : & sur sa foi
Je partis, je volai, je me crus déjà Roi ;
Je vainquis. J'osai plus ; je vous aimai, Madame ;
Du don de votre main vous payâtes ma flamme ;
Et sans un don si cher, (j'en atteste les Dieux,)
Ce Trône tant cherché n'étoit rien à mes yeux.
De ces jours fortunés envisagez la suite.
Œdipe a sauvé Thébe, & les Dieux l'ont proscrite,
Je vois, malgré mes soins, mon Peuple m'échapper.
D'un invisible foudre ils se sentent frapper ;
Et parmi ces horreurs dont l'aspect me déchire,
Je meurs autant de fois qu'un des Thébains expire.
Du côté des malheurs mon destin est rempli.
L'Oracle d'Apollon n'est que trop accompli.
Ce n'est plus qu'en mourant que je puis mettre obstacle
Au reste menaçant de ce fatal Oracle.
Plaignez-vous une mort honorable à jamais,
Où la vertu tiendra la place des forfaits ?
Soutenez donc, Madame, un malheur nécessaire.
C'en est fait : je mourrai. Rien ne peut m'en distraire ;
Déjà par mon trépas j'aurois fléchi le sort ;
Mais aux yeux des Thébains, je veux que cet effort
Soit de mes sentimens l'éclatant témoignage ;
Qu'il soit de mes enfans l'exemple & l'héritage ;
Et qu'avant de regner, ils apprennent de moi
Que mourir pour son Peuple est la gloire d'un Roi.

JOCASTE.

Phœdime, allez ; qu'ici les deux Princes se rendent ;
Les adieux de leur pere & les miens les attendent.

SCENE IV.

ŒDIPE, JOCASTE.

JOCASTE.

Trop inflexible époux, je ne vous survis pas;
Vous avez prononcé l'arrêt de mon trépas.

ŒDIPE.

Non, vous ne mourrez point. Domptez cette foiblesse;
Vous vous devez encor aux fils que je vous laisse.
A gouverner mon Peuple, instruisez-les tous deux ;
Quand je l'aurai sauvé, qu'ils le rendent heureux :
Que vos sages conseils, qu'une tendre prudence
Fasse en ces cœurs aigris naître l'intelligence :
La haine trop longtems a flétri leurs vertus ;
Qu'ils soient amis du moins, quand je ne serai plus.
Leur courage promet des héros à la terre :
Mais si vous n'étouffez cette fatale guerre
Que le courroux du ciel semble allumer entr'eux ;
Ne vous en promettez que des crimes fameux.
Vivez pour ces enfans qu'un pere vous confie ;
Je leur donne ma mort ; donnez-leur votre vie ;
Vivez pour ce dépôt commis à votre foi ;
Rendez-le digne enfin & de vous & de moi.

TRAGÉDIE.

SCENE V.
ŒDIPE, JOCASTE, ÉTÉOCLE, POLINICE.

JOCASTE.

Venez, & partagez les douleurs d'une Mere;
Le Roi veut s'immoler; vous n'avez plus de Pere;
Suivez ses pas; il va vous conduire aux Autels.
Allez vous-même offrir son sang aux Immortels.
Apprenez aujourd'hui d'un exemple si rare,
Qu'un Souverain n'est plus qu'un cruel, qu'un barbare,
Qui sçait de la nature anéantir les loix ;
Et qu'Épouse & qu'Enfans sur lui n'ont plus de droits.

ÉTÉOCLE.
Est-il possible ? ô Ciel !

POLINICE.
   Que venons-nous d'entendre?

ŒDIPE.
N'augmentez point mes maux; mon cœur n'est que trop tendre.
Vous m'aimez ; mais il faut me chérir en héros,
Desirer mes vrais biens, & craindre mes vrais maux.
Les Dieux, pour mes Sujets, veulent que je périsse ;
Si j'osois différer ce juste sacrifice,
Ce seroit désormais de mes cruelles mains
Que partiroient les coups qui frappent les Thébains;
Seul je leur tiendrois lieu des noires Euménides,
Et mes moindres délais seroient des particides.

Vous même, humiliés de mon indigne effroi,
Vous rougiriez, mes Fils, d'être sortis de moi.

ÉTÉOCLE.

Non, non, quelques raisons que vous puissiez nous
    dire,
N'espérez pas, Seigneur, de nous y voir souscrire.

ŒDIPE.

N'espérez pas non plus ébranler mon dessein.
Mais vos pleurs, mes Enfans, ne coulent point en
    vain.
De l'amour paternel j'ai toutes les foiblesses ;
Venez, & recevez mes dernieres tendresses.

ÉTÉOCLE.

Au comble des douleurs nous abandonnez-vous ?

POLINICE.

Nous verrez-vous sans fruit embrasser vos genoux ?

JOCASTE.

Cruel, vous soutenez un spectacle si tendre ?

ŒDIPE.

A peine ma vertu suffit à m'en défendre.
Levez vous, mes Enfans. De la faveur des Dieux
Vous m'êtes, l'un & l'autre, un gage précieux ;
Mais cette aversion, dont ils vous font la proie,
De leur propre bienfait empoisonne la joie.

ÉTÉOCLE.

Ah ! du moins, dans l'amour que vous doivent vos
    Fils,
Mon Pere, vous voyez des Freres bien unis.
Vivez, pour triompher d'un coupable caprice,
Dont nous-mêmes, Seigneur, nous sentons l'injustice.

TRAGÉDIE.

Vivez, pour nous le voir sacrifier toujours
A l'intérêt sacré du bonheur de vos jours.

POLINICE.

Pour lier à jamais le Frere avec le Frere;
Rendez-nous notre Roi ; rendez-nous notre Pere;
Quel autre frein, hélas! pourroit nous retenir ?
Et, si nous vous perdons, qu'allons-nous devenir?

SCENE VI.
ŒDIPE, JOCASTE, ÉTÉOCLE, POLINICE, DYMAS.

ŒDIPE.

Tout est-il prêt, Dymas ? Est-il tems de me rendre...?

DYMAS.

Je frémis des malheurs que je viens vous apprendre;
Mais, Seigneur, que vos Fils s'éloignent de ces lieux;
Je ne puis dévoiler ces malheurs à leurs yeux.

ŒDIPE.

Laissez-nous, mes Enfans.

SCENE VII.
ŒDIPE, JOCASTE, DYMAS.

ŒDIPE à Dymas.

Toi, parle sans contrainte.

JOCASTE.

Dans l'état où je suis, d'où vient encor ma crainte?

DYMAS.

J'ai trouvé le Pontife offrant au Ciel les vœux
De Vieillards désolés & d'Enfans malheureux :
Il a sçu, par ma voix, vos volontés dernieres.
Bientôt interrompant les augustes prieres,
Du Dieu qu'il imploroit, le Prêtre a paru plein :
Son visage altéré marque un transport soudain :
Sur son front effrayé ses cheveux se hérissent :
De menaçans éclairs ses regards se remplissent :
Par-tout, autour de lui, sa divine fureur
Répand dans les esprits une sainte terreur.
Tout tremble ; tout s'émeut à son aspect farouche ;
Et cet Oracle enfin est sorti de sa bouche.
 » Peuple, vos tourmens vont finir.
» D'une coupable main Laïus fut la victime :
 » Et le Ciel, indigné du crime,
 » S'arme aujourd'hui pour le punir.
 » Il attendoit qu'à sa justice
 » Thebe immolât le meurtrier ;
» Et lassé de l'attente, il veut, pour l'expier,
 » Qu'un Fils de Jocaste périsse.

TRAGÉDIE.

JOCASTE.

Dieux ! un Fils de Jocaste !

ŒDIPE.

O ciel ! un de mes Fils !
De quels frémissemens tous mes sens sont saisis !
C'est donc ainsi, grands Dieux, qu'il falloit vous entendre !
C'est ainsi qu'aux Autels mon sang doit se répandre !
O fatales clartés ! O jour rempli d'horreur !
Que ne me laissiez-vous jouir de mon erreur ?
Loin de plaindre ma mort, je vous en rendois grace.
Tout est changé. Mon sang dans mes veines se glace.
Je ne me connois plus. Que devenir ? Rentrons ;
Et voyons, s'il se peut, ce que nous résoudrons.

Fin du premier Acte.

ACTE II.

SCENE PREMIERE.

JOCASTE, PHŒDIME.

JOCASTE.

Au milieu des horreurs dont je suis poursuivie,
Phœdime, conçois-tu que je souffre la vie ?
Comment, sans expirer, soutenir tant de coups ?
Le glaive suspendu menaçoit mon Époux ;
Mais à peine ce glaive abandonne sa tête,
Sur celle de mes Fils je le vois qui s'arrête.
De toutes les douleurs tour à tour je gémis.
Je frémissois Épouse ; & Mere, je frémis.
C'est le prix d'un forfait que le Ciel nous révele;
Laïus reçut la mort d'une main criminelle :
Et contre Thebe entiere Apollon irrité,
De la mort de Laïus venge l'impunité.
A ces obscurités que pourrois-je comprendre ?
Tu sçais de ce malheur ce que l'on vint m'apprendre;
Tu sçais que nul mortel n'eut de part à sa mort ;
Et mes larmes n'ont pu la reprocher qu'au Sort.

TRAGÉDIE.

PHŒDIME.

Contre tant de malheurs armez votre courage,
Madame; & ne songez qu'à conjurer l'orage.

JOCASTE.

Je fais ce que je puis. Déja mon premier soin
De la mort de Laïus fait chercher le témoin.
On va de son désert m'amener Iphicrate.
S'il nous cachoit un crime, il faudra qu'il éclate:
Et si le criminel respiroit en ces lieux,
Son supplice, peut-être, appaiseroit les Dieux.
Du Palais cependant la Garde est avertie;
Aux Princes on en doit défendre la sortie:
Ils ignorent l'Oracle; & j'ai recommandé
Que ce secret fatal devant eux fût gardé.
Mais quel sera le fruit de ma vaine prudence?
Si le coupable encor se cache à ma vengeance;
Les Thébains par leurs cris, du moins par leur douleur,
Vont demander ce sang qui doit sauver le leur.
Crois tu que des Autels bravant le privilége,
Œdipe leur oppose un refus sacrilége?
Non, il obéira; moi-même, (j'en frémis,)
Il me faudra souscrire à la mort de mes Fils.

PHŒDIME.

Eh! pourquoi prévenir ce barbare spectacle?
Espérez mieux, Madame; & songez qu'un Oracle,
Toujours aux yeux mortels d'un nuage couvert,
N'a jamais eu le sens qu'il a d'abord offert;
Que les Dieux quelquefois, sous l'aspect des menaces,
Aux humains effrayés ont annoncé leurs graces;
Et qu'enfin, quelque loi qu'ils paroissent dicter,
C'est l'évènement seul qui peut l'interpréter.

JOCASTE.

Phœdime, en quelle erreur ton amitié t'engage!
De quoi me flattes-tu? l'Oracle est sans nuage.

D'un des Fils de Jocaste ils demandent le sang.
Est-ce un crime, grands Dieux, de sortir de mon flanc?
La mort est-elle dûe à qui me doit la vie?
Au premier de mes Fils vos rigueurs l'ont ravie:
A peine il se formoit dans ce sein malheureux,
Vous l'avez menacé du sort le plus affreux.
Il m'est toujours présent cet Arrêt sanguinaire.
   » Le Fils que tu vas mettre au jour,
» Entrera dans ton lit, meurtrier de son Pere:
» Si tu veux l'éviter, garde-toi de l'amour.
Il mourut, condamné des Dieux & de sa Mere,
Victime de ma crainte & de votre colere.
Ce parricide Arrêt par toi s'exécuta;
Et tu sçais seule aussi tout ce qu'il m'en coûta;
Ordonnerai-je encor les mêmes funérailles?
Faudra-t-il de nouveau m'arracher les entrailles?
Ciel! de tous mes Enfans le sang doit-il couler?
Et ne les mets-je au jour que pour les immoler?

SCENE II.

JOCASTE, POLINICE, PHŒDIME.

POLINICE.

A Qui m'adresserai-je? Ah! de grace, ma Mere,
De vos ordres daignez m'éclaircir le mystere.
Pourquoi nous retient-on captifs en ce Palais?
Pourquoi de nos secours prive-t-on vos Sujets?
En vain je le demande à ce qui m'environne:
Chacun, en me fuyant, se confond & s'étonne:
Je parois exciter de nouvelles douleurs;
Et mes empressemens n'obtiennent que des pleurs.

TRAGÉDIE.

Est-ce donc qu'aujourd'hui le Roi se sacrifie ?
Madame, a-t-on perdu tout espoir de la vie ?

JOCASTE.

Non, Polinice, non. Le sort vient de changer;
Les jours de mon Époux ne sont plus en danger.

POLINICE.

Ses jours sont assurés ? s'il faut que je le croie,
Laissez donc dans vos yeux éclater quelque joie;
Si l'on ne tremble plus pour ses jours précieux,
De quels gémissemens retentissent ces lieux ?

JOCASTE.

Le Roi ne mourra point. Croyez-en votre Mere.

POLINICE.

Hélas ! en m'assurant du salut de mon Pere,
Ces regards douloureux me sont de sûrs témoins
Que, malgré ce bonheur, vous n'en souffrez pas
    moins.

SCENE III.

JOCASTE, ÉTÉOCLE, POLINICE, PHŒDIME.

ÉTÉOCLE.

Enfin je sçais mon sort ; & je viens de surprendre
Ce secret tant caché qu' craignoit de m'apprendre.

JOCASTE.

Quoi, mon Fils ?

ÉTÉOCLE.

    Le Pontife, en entrant chez le Roi ;
Par-tout à son aspect a redoublé l'effroi.

J'ai couru. J'ai voulu le fuivre chez mon Pere :
L'accès m'en eft fermé par fon ordre févere,
Quand un des miens s'approche. Où voulez-vous
 entrer ?
A vos Juges, dit-il, courez-vous vous livrer ?
Fuyez, fuyez plutôt la mort prefque certaine.
Les Dieux veulent le fang d'un des Fils de la Reine;
Vous m'avez foupçonné d'une lâche terreur,
Madame : mais, du moins réparez-en l'erreur.
Ne fermez plus le Temple au zele qui m'anime.
Les Thébains n'ont que trop attendu leur Victime!

JOCASTE.

Que deviens-je !

POLINICE.

   Calmez ce zele injurieux,
Qui vous fait, pour vous feul, prendre le choix des
 Dieux.
Votre orgueil jufques-là méconnoît-il un Frere ?
Ne puis-je prendre ici la place de mon Pere ?
Sortis du même fang, quoi donc ! me croyez-vous
Indigne d'appaifer le célefte courroux ?

ÉTÉOCLE.

Je ne m'emporte pas jufqu'à cette injuftice.
Mais, fans vouloir juger du cœur de Polinice,
Et, fans qu'ici la haine aigriffe nos débats,
Songez, puifque les Dieux ne vous défignent pas,
Songez que c'eft moi feul que leur choix intéreffe,
Et qu'une gloire unique eft dûe au droit d'aîneffe.

POLINICE.

Quelle aîneffe, Étéocle ? En eft-il entre nous ?
Le jour ne m'a-t-il pas auffi-tôt lui qu'à vous ?
Et d'un rapide inftant la vaine différence
Fonde-t-elle entre nous la moindre préférence ?

JOCASTE.

TRAGÉDIE.
JOCASTE.

Quoi! barbares, la haine anime ce transport!
Soyez Freres du moins, en disputant la mort.

POLINICE.

Loin de vous disputer les droits du Diadême,
Je vous fais mon aîné pour le pouvoir suprême.
En victime aux Autels je ne veux que m'offrir.
Régnez, régnez, mon Frere, & laissez-moi mourir.

SCENE IV.
ŒDIPE, JOCASTE, ÉTÉOCLE, POLINICE, PHŒDIME.

JOCASTE.

Goûtez, Seigneur, goûtez les fruits de votre exemple.
Vos Fils, dignes de vous, brûlent d'aller au Temple.
L'un & l'autre, égalant le Héros dont il sort,
Brave mon désespoir & dispute la mort.

ÉTÉOCLE.

Oui, mon Pere, à nos Dieux Étéocle rend grace
De pouvoir, en mourant, prendre ici votre place.
Aux Thébains désolés, votre héroïque amour
N'eût, en vous immolant, conservé que le jour;
Mais, pour ces malheureux, ma mort plus salutaire,
Leur conserve à la fois, & la vie, & leur Pere.
En finissant leurs maux, vous leur ôtiez leur Roi;
Ils vont tout regagner, sans perdre rien en moi.

B

POLINICE.

Vous ne permettrez pas, Seigneur, que son courage
Ne me laisse à vos yeux que l'opprobre en partage.
De Polinice en pleurs vous comblerez les vœux.
Si vous me refusez, vous nous perdez tous deux.

ŒDIPE.

O courage ! ô vertu, qu'en frémissant j'admire !
Je l'avois bien prévu : cependant j'en soupire.
Princes, il n'est pas temps d'écouter ce transport.
C'est à votre Roi seul de régler votre sort.
Je sçaurai, s'il le faut, cruel & magnanime,
Marquer le sacrifice & nommer la victime.
Mais le nouveau dessein que j'ose concevoir,
De vous sauver tous deux me laisse encor l'espoir.
Oui, déja j'entrevois que les Dieux se fléchissent.

ÉTÉOCLE.

Vous balancez, Seigneur ; & vos Sujets périssent !

ŒDIPE.

Le Prêtre en ce moment m'a lui-même annoncé
L'Oracle qu'à l'Autel sa bouche a prononcé.
J'ignorois jusqu'ici ce meurtre détestable.
Laius perdit le jour par une main coupable :
Et les fléaux du Ciel, sur Thèbes descendus,
Vengent l'impunité de la mort de Laius.
Il faut qu'en Souverain je cherche, & je punisse
Le perfide échappé trop long-tems au supplice.
A ce juste délai le Pontife souscrit.
J'espere vous sauver, si l'assassin périt.
Allez. Laissez-moi seul entretenir la Reine.
C'est d'elle que j'attends ce qu'il faut que j'apprenne ;
Allez. Priez les Dieux de devenir plus doux ;
Et qu'un Pere n'ait point à choisir entre vous.

SCENE V.

ŒDIPE, JOCASTE.

ŒDIPE.

Madame, pardonnez à mes premieres plaintes.
J'ose vous reprocher, & nos maux, & nos craintes.
Un si triste langage est bien nouveau pour moi.
Mais vous m'avez trompé sur le destin du Roi ;
Vous m'avez de sa mort déguisé l'aventure.

JOCASTE.

Seigneur, de ce reproche épargnez-moi l'injure;
Je vous ai raconté tout ce qu'on m'en apprit.
C'est par le hazard seul que mon Époux périt.
Et Thèbe, à qui sa mort a causé tant d'allarmes;
N'a pu, non plus que moi, lui donner que ses larmes.

ŒDIPE.

Le Ciel parle pourtant du coupable échappé :
Et sans doute avec vous le Peuple fut trompé.
Qui donc de cette mort apporta la nouvelle ?

JOCASTE.

Du malheureux Laïus un Serviteur fidéle,
Iphicrate, qui, seul témoin de son trépas,
M'en a fait le rapport que vous n'ignorez pas.

ŒDIPE.

Oui, vous m'avez instruit de ce qu'il vous fit croire;
Ce récit est encor présent à ma mémoire.

B ij

Laius suivoit d'un Bois le sentier ténébreux,
Quand d'un antre prochain sort un Lion affreux;
Monstrueux ennemi dont l'indomptable rage,
Des deux qui précédoient fit un cruel carnage.
Laius, malgré les ans, volant à leur secours,
Par la même fureur vit terminer ses jours.
Voilà depuis long-tems ce que Thèbes publie.

JOCASTE.

Iphicrate au péril déroba seul sa vie.
Il vint me rapporter, pour témoins assurés,
Les vêtemens du Roi sanglans & déchirés,
Me demandant pardon d'oser encor paroître,
Accablé du malheur de survivre à son Maître.

ŒDIPE.

Que devint Iphicrate?

JOCASTE.

      Il quitta ce séjour,
Ne pouvant plus souffrir l'aspect de cette Cour,
Qui d'un Maître si cher à son obéissance,
Sembloit à tout moment lui reprocher l'absence :
Il ne me demanda pour grace qu'un exil.
Oublié des Mortels, il alloit, disoit-il,
Pleurer le sort du Roi qu'il n'avoit pu défendre,
Et nourrir sa douleur d'un souvenir si tendre.

ŒDIPE.

Respire t-il encore?

JOCASTE.
   Oui, Seigneur.

ŒDIPE.
       En quels lieux?

JOCASTE.

Seigneur, je ne perds point des instans précieux,
Vous brûlez de le voir ; & mon impatience
A déja de vos soins prévenu la prudence.
Il va bientôt paroître.

ŒDIPE.

Il va nous éclairer;
Un rayon d'espérance en mon cœur vient d'entrer.
Nous allons, grace aux Dieux, découvrir le coupable.

JOCASTE.

Que ce pressentiment puisse être véritable!

SCENE VI.

ŒDIPE, JOCASTE, DYMAS

JOCASTE.

Iphicrate vient-il ? qui te fait soupirer ?

DYMAS.

Iphicrate n'est plus.

ŒDIPE.

Ciel!

DYMAS.

Il vient d'expirer.
Un Vieillard que les ans laissent marcher à peine,
Me suit, chargé par lui d'un secret pour la Reine.

ŒDIPE,

Il ne tardera pas.

ŒDIPE.

Il faut donc l'écouter;
Madame. Mais de quoi puis-je encor me flatter ?
Que vais-je devenir ? O Ciel ! si ta justice
S'obstine à demander qu'un de mes Fils périsse,
Prends ta victime ; frappe, & viens la consumer :
Mais ne m'impose pas l'horreur de la nommer.
Je souscris à tes loix, souveraine colere ;
Mais pour Ministre au moins ne choisis pas un Pere.

Fin du second Acte.

ACTE III.

SCÈNE PREMIÈRE.

ÉTÉOCLE, POLINICE.

ÉTÉOCLE.

Il ne vient point ! qu'il tarde à mon impatience !
Puisse le ciel fléchi, nous... Mais quelqu'un s'avance.

SCÈNE II.

ÉTÉOCLE, POLINICE, POLÉMON, GARDES.

ÉTÉOCLE.

Vous êtes ce Vieillard qu'a devancé Dymas ?

POLÉMON.

Oui ; la lenteur de l'âge a retardé mes pas.

ÉTÉOCLE, *aux Gardes*.

Avertissez la Reine : elle va vous entendre.
Mais de cet entretien que devons-nous attendre ?
Thèbes va-t-elle voir relever son destin ?
Venez-vous de Laïus nous nommer l'assassin ?

POLÉMON.

J'attends ici la Reine : & pour tout autre qu'elle,
Iphicrate m'impose un silence fidèle.

B iv

ŒDIPE,

ÉTÉOCLE.

C'est trop de défiance, en parlant à ses Fils.

POLÉMON.

Vous, ses Fils ? vous, Seigneurs ? mes sens sont interdits.
Ah ! de grace, excusez la rustique ignorance
Qui de mes Souverains me cachoit la présence.
Méprisable habitant d'un champêtre séjour,
C'est la premiere fois que je vois une Cour.

POLINICE.

Eh ! comment un Sujet peut-il nous méconnoître ?

POLÉMON.

J'habite vos États ; ils ne m'ont point vû naître :
J'y fus par mes malheurs dès longtems amené.
Iphicrate, attendri pour un infortuné,
Daigna, dans son desert m'accorder un asyle,
M'y soulager des maux d'une course inutile.

ÉTÉOCLE.

Puissiez-vous aujourd'hui faire tarir nos pleurs !
Nous sçaurions mieux que lui réparer vos malheurs.
Ce Palais désormais seroit votre Patrie.

POLÉMON.

Non, rien ne me rendra la douceur de ma vie.

POLINICE.

Quels sont donc vos regrets ?

POLÉMON.

La fortune & les Dieux
Avoient mis dans mes bras un enfant précieux.
De l'amour paternel toute la violence
M'intéressa pour lui dès sa plus tendre enfance.
Je fus bien-tôt surpris de ses nobles desirs.
Le seul nom de Héros lui coûtoit des soupirs.
Du vil soin des troupeaux dédaignant la bassesse ;
Pour une vie illustre il soupiroit sans cesse.
Mais que dis-je, Seigneur ? Où vais-je m'engager ?
Que vous importe, hélas ! la douleur d'un berger ?

TRAGÉDIE.
POLINICE.

Nous plaignons vos malheurs ; & la rigueur des nôtres
Ne nous apprend que trop à plaindre ceux des autres.
Nous espérons pourtant que le destin plus doux
Ne vous a point en vain amené parmi nous,
Et qu'il ne vous a fait quitter votre Patrie...

POLÉMON.

Hélas ! qu'avec plaisir je quitterois la vie,
Si le Ciel m'accordoit de sauver vos États,
De retrouver ce Fils, & mourir dans ses bras !

POLINICE.

Que les Dieux soient touchés du desir qui vous presse !

POLÉMON.

La gloire l'enleva trop-tôt à ma tendresse ;
Et le cruel, hélas ! plaignit même à mes yeux
Le douloureux plaisir de ses derniers adieux.
De quels coups je sentis mon ame pénétrée !
Je l'ai cherché depuis de contrée en contrée :
Je le reconnoissois au bruit de ses combats :
Mais j'ai toûjours perdu la trace de ses pas.
Enfin, sans aucun fruit de ma persévérance,
De le revoir jamais perdant toute espérance,
Je vins chez Iphicrate ; & le Ciel le toucha :
Ma profonde tristesse à mon sort l'attacha.
Les cœurs infortunés cherchent ceux qui soupirent ;
Et nos communs chagrins à jamais nous unirent.

ÉTÉOCLE.

Dans votre sein sans doute il versoit ses secrets :
Eh bien ! si j'ai paru sensible à vos regrets,
Daignez m'en accorder quelque reconnoissance ;
Cessez de m'opposer un injuste silence.
Sur la mort de Laïus que vous a-t-il appris ?
Parlez. Souvenez-vous de qui nous sommes Fils.

B v

OEDIPE,
POLÉMON.
Je ne dois m'expliquer, Seigneur, qu'à votre Mere.
ÉTÉOCLE.
Par de nouveaux refus voulez-vous me déplaire ?

SCENE III.
JOCASTE, ÉTÉOCLE, POLINICE, POLÉMON.

JOCASTE.
Est-ce là ce Vieillard ?
POLINICE.
Oui, Madame.
JOCASTE, *aux Princes.*
Sortez.

SCENE IV.
JOCASTE, POLÉMON.

JOCASTE.
Ciel ! laisse à tes rigueurs succeder tes bontés.
(*A Polémon.*)
Parlez ; nous sommes seuls : & je brûle d'entendre
Les importans secrets que vous venez m'apprendre.
POLÉMON.
Iphicrate, Madame, est mort entre mes bras,
Frappé de ce fléau tombé sur vos États.
Dès qu'il en ressentit les brûlantes atteintes,
Son esprit fut troublé de remords & de craintes ;

Ses yeux épouvantés se forgeant mille horreurs,
Nous-mêmes nous faisoient trembler de ses terreurs.
Aux juges des enfers tantôt demandant grace,
Tantôt voulant fléchir Laius qui le menace ;
Il croit voir quelquefois un effroyable amas
De spectres menaçans, armés pour son trépas.
C'est ainsi que son ame étoit encor émue,
Lorsque de votre part Dymas s'offre à sa vue.
A peine est-il instruit de l'Oracle rendu,
Son désordre à l'instant a paru suspendu.
Un long torrent de pleurs inonde son visage ;
De sa triste raison il retrouve l'usage.
Près de son lit alors il me fait appeler ;
Un moment, sans témoin, demande à me parler.
Ce fléau, me dit-il, dont Thèbe est la victime,
Je n'en puis plus douter, est le fruit de mon crime.
A la Reine, aux Thébains indignement déçus
Mon mensonge a caché le destin de Laïus.
J'ai dit qu'un monstre affreux, malgré tout son courage,
L'avoit fait à mes yeux expirer sous sa rage :
Mais, ami, ce malheur n'est qu'un fait inventé,
Dont je voulus alors couvrir ma lâcheté.

JOCASTE.

Achevez ; car sans doute il vous a fait entendre
L'évenement fatal qu'il craignit de m'apprendre ?

POLÉMON.

Du malheureux Laïus connois donc le destin,
Poursuit-il. Un jeune homme, en cet étroit chemin
Qui sépare les champs de Thèbe & de Corinthe,
D'un invincible bras lui fit sentir l'atteinte :
Et Laïus & les siens, tout en fut terrassé.

JOCASTE.

Juste Ciel !

POLÉMON.

De terreur Iphicrate glacé,

B vj

Ne songeant qu'à chercher son salut dans la suite;
Vit de loin succomber & Laïus & sa suite.
Il ne put se résoudre à l'opprobre éternel
D'annoncer sans blessure un malheur si cruel ;
Et la honte lui fit cacher sous une fable,
De sa lâche terreur le crime impardonnable.

JOCASTE.

N'a-t-il rien dit de plus sur cet évenement ?

POLÉMON.

Non. Je n'apporte point d'autre éclaircissement.
D'un indice si foible Iphicrate lui-même
Sentoit, en expirant, une douleur extrême.
Va, m'a-t-il dit, je meurs, & l'ai bien mérité :
Mais à la Reine au moins je dois la vérité.
Qu'elle apprenne de toi ce que je puis lui dire.
J'espere cependant, (& le Ciel me l'inspire,)
Que tout léger qu'il est, cet indice confus
Va l'aider à venger le meurtre de Laïus.
Pour lui faire oublier mon parjure artifice,
Dis-lui bien quels remords ont été mon supplice.
Il expire à ces mots.

JOCASTE.
C'est assez. Laissez-moi.
Gardez bien ces secrets commis à votre foi.
Demeurez chez Dymas.

SCENE V.

JOCASTE, seule.

Où faut-il que j'espere ?
Où nous conduiras-tu ? trop obscure lumiere,

SCENE VI.
ŒDIPE, JOCASTE.
ŒDIPE.

Madame, ce Vieillard enfin vous a parlé;
Quel est donc le secret qu'il vous a révelé ?
JOCASTE.
Il venoit seulement démentir la nouvelle
Que m'osa rapporter une bouche infidelle.
L'Oracle nous déclare un malheur trop certain;
Laïus reçut la mort d'une coupable main.
ŒDIPE.
Avez-vous de ce meurtre appris les circonstances ?
JOCASTE.
Ah ! Seigneur, tout confond nos vaines espérances;
Le Ciel montre le meurtre, & cache l'assassin.
On ne m'en a donné qu'un indice trop vain.
ŒDIPE.
Parlez ; un foible jour peut nous servir de guide.
JOCASTE.
Jugez donc si ce trait nomme le parricide.
Mon époux, abbattu par un jeune guerrier,
Périt avec sa suite en un étroit sentier ;
Et la terre, Seigneur, qui de son sang fut teinte,
Partage les Etats de Thébe & de Corinthe.
ŒDIPE, à part.
Entre Thébe & Corinthe ! un seul guerrier ! Grands
    Dieux !
Quels funestes rapports viennent luire à mes yeux !
A ces premiers soupçons que devient mon courage ?
Malheureux ! oserai-je en sçavoir davantage ?

JOCASTE.

Vous m'effrayez. Quel trouble a saisi vos esprits ?
Œdipe, qu'ai-je dit dont vos maux soient aigris ?
Pourquoi me dérober ces soupirs & ces plaintes ?
Ah ! de grâce, Seigneur, n'augmentez pas mes craintes.

ŒDIPE.

Je n'ai point oublié ce que je sçus de vous,
Un an avoit suivi la mort de votre époux,
Quand, payant à la fois ma flâme & mon courage,
Du throne des Thébains vous fîtes mon partage.

JOCASTE.

Oui, Seigneur ; c'est le tems où je perdis Laïus.

ŒDIPE.

O terribles soupçons, à chaque instant accrus !
Tout ce que je demande & tout ce que je pense,
De mon trouble secret aigrit la violence.

JOCASTE.

Que me cachez vous donc ? Ne pourrai-je, Seigneur,
Sçavoir ce qui se passe au fond de votre cœur ?

ŒDIPE.

Eh bien ! Madame, eh bien ! soyez donc éclaircie
D'un triste évènement qui menaça ma vie.
Je tremble du rapport & des tems & des lieux.
Je ne lirai que trop mon destin dans vos yeux.
J'entrois dans ce chemin par qui sont séparées
Du champ Corinthien nos fatales contrées.
Au devant de mes pas deux hommes s'arrêtant,
M'attaquerent d'abord d'un dédain insultant :
Insolens, ils vouloient que, tournant en arriere,
Au char qui les suivoit j'ouvrisse la carriere.
C'est peu que le mépris éclatât sur leur front,
Un coup audacieux mit le comble à l'affront.
Furieux dans l'instant, & brûlant de vengeance,
Je voulus dans leur sang effacer cette offense.
Un des deux prend la fuite ; & l'autre à mon courroux
Oppose un ennemi plus digne de mes coups,

TRAGÉDIE.

Déjà son sang qui coule, affoiblit son courage;
Quand le Maître du char, malgré le poids de l'âge,
Se précipite à terre, & son guide avec lui.
Tous deux, au malheureux, ils prêtent leur appui.
Mais quoi ! de ce Vieillard l'image vous accable !
Vous frémissez, Madame ! Ah ! serois-je coupable ?

JOCASTE

Achevez, achevez, Seigneur, de m'éclairer.
Dans ces doutes cruels, je ne puis respirer.

ŒDIPE

Ce nouvel ennemi me devint respectable.
La majesté brilloit sur son front vénérable.
A son bras généreux content de résister,
Ma main paroit ses coups, & n'osoit en porter.
D'un mouvement secret mon ame pénétrée,
Rendoit à ma fureur sa personne sacrée.
Malgré cette pitié, le Destin inhumain,
Au fer qui le fuyoit, vint exposer son sein.
Avec ses défenseurs, il tomba ma victime.
Mon cœur alors sembla me reprocher un crime;
Mais loin que ce Héros m'imputât son malheur,
Lui-même, en expirant, applaudit ma valeur,
Priant même les Dieux d'en soutenir la gloire,
Et de ne me punir jamais de ma victoire.
Je vois qu'à chaque instant s'irritent vos douleurs;
Vos yeux sont inondés d'un déluge de pleurs.
Resteroit il encor quelque doute en votre ame ?
Peindrai-je ce Héros dont j'ai tranché la trame ?
Sa taille étoit superbe, & ses regards perçans :
Sur son dos descendoient ses cheveux blanchissans :
Les rides qu'à son front imprimoit la vieillesse,
N'en avoient point banni l'ardeur de la jeunesse.
Une robe de pourpre....

JOCASTE

Ah ! ne m'accablez plus!
Je ne connois que trop le malheureux Laïus.

ŒDIPE.

ŒDIPE.
Je l'ai donc dévoilé ce terrible mystere !
La haine de Jocaste est déja mon salaire.
Que deviens-je à vos yeux ? & quel objet pour vous
Qu'un Époux tout souillé du sang de votre Époux !
Vous ne me voyez plus que comme un Parricide,
Comme un monstre cruel, sacrilége, perfide......

JOCASTE.
Seigneur, ces noms affreux ne sont dûs qu'aux forfaits.
Respectez vos vertus : respectez mes regrets.
Tout accablé qu'il est du malheur qui l'opprime,
Mon cœur sçait en gémir, sans vous en faire un crime.
Je vois toujours en vous ce Héros adoré,
A qui seul pour jamais tout ce cœur fut livré.
Je n'impute qu'au Sort mes mortelles allarmes;
Et je vous dois toujours mon amour & mes larmes.

ŒDIPE.
Et moi, quand votre cœur craint de me condamner,
Le mien désespéré ne peut se pardonner.
Je sçais qu'en ce combat je ne fus point coupable;
Mais je suis de vos maux la source déplorable :
Et, malgré ma raison, mon trouble plus puissant
Me défend en secret de me croire innocent.
J'entends déja Laïus ; & je crois voir son ombre
Sortir, pour se venger, de la demeure sombre;
Me venir demander un sang que je lui doi,
Et rétracter les vœux qu'il avoit faits pour moi.

JOCASTE.
Vous le deshonorez par ce triste présage.
Non, non ; calmez, Œdipe, un trouble qui m'outrage.
Le Sort impitoyable a seul conduit vos coups ;
J'en accuse les Dieux ; & j'en pleure avec vous.

ŒDIPE.
Mais, Madame, malgré ce pardon magnanime,
Le Ciel toujours armé demande sa victime.

TRAGÉDIE.

Voilà ce criminel, ce cœur qu'il faut frapper,
Et que Thèbe a laissé trop long-tems échapper.

JOCASTE.

Seigneur, s'il faut des Dieux appaiser la colere,
Attendons, en tremblant, que leur voix nous éclaire.
D'un des Fils de Jocaste ils veulent le trépas.
Peut-être votre mort ne les sauveroit pas.
Allons encor au Temple implorer leur clémence :
Nous les désarmerons ; j'en crois votre innocence :
Mais si rien ne fléchit leur barbare courroux,
Je ne m'y soumettrai qu'en mourant avec vous.

ŒDIPE.

Jocaste, épargnez-moi cette horrible menace.
Mais, j'y consens ; aux Dieux venez demander grace,
Tandis qu'impatient de sauver mes Etats,
Je vais les conjurer d'accepter mon trépas.

Fin du troisieme Acte.

ACTE IV.

SCENE PREMIERE.
JOCASTE, PHŒDIME.

JOCASTE.

LA colere du Ciel ne s'est point ralentie :
Sur nous encor sa main demeure appesantie :
Le Pontife, avec nous, l'a sans fruit imploré ;
Lui-même, en frémissant, il nous a déclaré
Qu'en vain je conservois la plus foible espérance
Que le Ciel désarmé rétractât sa vengeance ;
Que bientôt ce Vieillard, arrivé dans ces lieux,
Alloit être pour nous l'interprète des Dieux :
Et ce jour, a-t-il dit, vainqueur de tout obstacle,
N'accomplira que trop l'irrévocable Oracle.

PHŒDIME.

Hélas ! quelle réponse ! en quel état cruel....

JOCASTE.

Phœdime, c'en est fait. J'attends le coup mortel.
Sur quelque infortuné qu'ici la foudre tombe,
Je le sçais, il faudra que Jocaste y succombe.
Mais je te l'avouerai, dans cette extrémité,
Je sens, du désespoir, naître ma fermeté.
Un rayon d'espérance entretenoit mon trouble.
Oui, puisqu'à chaque instant votre fureur redouble,
Grands Dieux ! au coup fatal je sçais me présenter,
Et le braver du moins, s'il ne peut s'éviter.

TRAGÉDIE.

Te dirai-je encor plus? j'y suis presque insensible,
Quand j'ose rappeller le souvenir terrible
De ces destins jadis évités par mes soins.
Auprès de ces horreurs, mes maux me pesent moins.
Mon Fils n'est point entré dans le lit de sa Mere :
Mon Fils ne sera point l'assassin de son Pere.
Je vous ai démentis, grands Dieux ; & vos rigueurs
N'ont plus, pour s'en venger, que de moindres horreurs.
Ah ! que je m'applaudis, ma fidelle Phœdime,
De t'avoir confié le sort de la victime !
Peut-être que tout autre eût trompé mes desseins?
Le salut de ta Reine étoit sûr dans tes mains.
C'est par toi que des ours ce Fils devint la proie ;
Ce Fils encor pleuré, quand sa mort fait ma joie.
Toi-même, en l'exposant, tu le vis expirer.
C'est ainsi que mon cœur cherche à se rassurer,
Réduite à rappeller à quel malheur j'échappe,
Pour tomber, sans regret, sous le coup qui me frappe.

PHŒDIME.

Que devez-vous, hélas! à ma fidélité?
Quand, par d'autres frayeurs, votre esprit agité....

JOCASTE.

Eh! pourquoi, malheureuse! ai-je eu moins de courage?
Pour me sauver du piége où mon amour m'engage?
Cet Oracle, à mon Fils, m'a fait ravir le jour.
Pourquoi l'ai-je moins cru contre un fatal amour ?
Pourquoi ce jeune Œdipe, annoncé par la gloire,
Remportant à mes yeux cette illustre victoire,
Si long-tems échappée à tant d'autres Héros,
Par son amour encor troubla-t-il mon repos ?
Voilà de nos malheurs la source déplorable.
Ici tout est puni. Je suis seule coupable.
Peuples, Époux, Enfans, j'ai tout mis en danger.
Sans mon amour les Dieux n'auroient rien à venger.

ŒDIPE,

Foiblesse pardonnable autant qu'involontaire!
En me la reprochant, je sens qu'elle m'est chere;
Et malgré tous mes maux, Phœdime, ce soupir
Échappe à mon amour, plus qu'à mon repentir.

PHŒDIME.

Faites-vous quelque effort; le Roi paroît, Madame:
Cachez-lui, s'il se peut, le trouble de votre ame.

SCENE II.

ŒDIPE, JOCASTE, PHŒDIME.

ŒDIPE.

On me l'amene ici; je vais l'interroger:
Vous l'avez déja vu ce fatal étranger.
Comment la vérité vous est-elle échappée?
Me trompiez-vous, Jocaste? ou vous a-t-il trompée?

JOCASTE.

Je vous ai tout appris; & de cet entretien,
Je ne sçaurois prévoir, & n'ose espérer rien.

ŒDIPE.

O foiblesse des Rois! près du pouvoir suprême,
Combien s'anéantit l'orgueil du Diadême!
De ses decrets profonds jouets infortunés,
De supplice en supplice, en esclaves traînés,
Nous voilà devenus, tristes Rois que nous sommes,
Des objets de pitié pour les derniers des hommes!
Raffermissons pourtant notre cœur abbatu.
Ces Dieux ne peuvent rien du moins sur la vertu.
Qu'importe qu'à leur gré nous soyons misérables,
S'il ne dépend pas d'eux de nous rendre coupables?

TRAGÉDIE.
JOCASTE.
Vous voyez l'étranger.
ŒDIPE.
O terrible moment!

SCENE III.
ŒDIPE, JOCASTE, PHŒDIME, POLÉMON.

POLÉMON.
Faites grace, Seigneur, à mon saisissement;
Devant ce Trône auguste étonné de paroître,
J'ai peine à soutenir l'approche de mon Maître;
De crainte & de respect je me sens accabler.

ŒDIPE.
Venez, rassurez-vous. C'est à nous de trembler;
Si le Prêtre des Dieux n'a voulu nous séduire,
Vous seul, de leurs decrets, vous pouvez nous inst-
 truire.

POLÉMON.
Cet étrange discours s'adresse-t-il à moi?
Vous augmentez, Seigneur, mon trouble & mon effroi;

ŒDIPE.
Qu'entends-je? quelle voix! que mon ame est émue!
Et quels traits ce Vieillard offre-t-il à ma vue?
A la Reine tantôt qu'avez-vous révélé?
Votre récit sincere a-t-il tout dévoilé?

POLÉMON.
Oui, Seigneur; elle a sçu de ma bouche fidelle,
Ce qu'un ami mourant m'a déposé pour elle.

ŒDIPE.

Chaque mot me pénetre; & tous mes sens troublés...
Je ne me trompe point, c'est lui-même. Parlez;
Où viviez-vous jadis? quelle est votre Patrie?

POLÉMON.

Le Destin m'a fait naître & vivre en Thessalie.

ŒDIPE.

Et quel est votre état?

POLÉMON.

Pasteur.

ŒDIPE.

Et votre nom?
Dites, ne craignez rien; votre nom?

POLÉMON.

Polémon.

ŒDIPE.

Ah! mon Pere, c'est vous! ô Ciel, je te rends grace:
Mes maux sont suspendus, puisque je vous embrasse.
Qu'il m'est doux ce bonheur que je n'espérois plus!
Mes soins pour vous chercher ont été superflus.
Vous aviez dès long-tems quitté la Thessalie.
Vous vivez; je n'ai plus de regret à la vie.

POLÉMON.

Eh quoi! ce seroit vous, qu'après tant de regrets....
Oui; je n'en doute plus; je rappelle vos traits.
Vous êtes cet enfant, l'objet de ma tristesse,
Élevé dans mon sein avec tant de tendresse.
Eh! d'où pouvoit jamais me naître cet espoir,
Que sur le Trône un jour je dusse vous revoir?

JOCASTE.

De ces évènemens que faut-il que je pense?

ŒDIPE.

Oui, Madame, voilà l'auteur de ma naissance.
Faites treve, un moment, à vos tristes soupirs:
Interrompez vos pleurs; partagez mes plaisirs,

TRAGÉDIE.

Que l'Épouse d'Œdipe, à ses jours s'intéresse :
Daignez ne pas rougir enfin de sa bassesse.

JOCASTE.

Moi, Seigneur, en rougir ! l'avez-vous pu penser ?
Mon Époux à ce point ose-t-il m'offenser ?
Qui ? moi, je rougirois, Seigneur, de votre Pere,
Lorsque votre vertu me transporte & m'éclaire,
Lorsque vous me rendez par de si nobles traits
Mon Époux plus auguste, & plus grand que jamais !

ŒDIPE.

Fortune, qu'à ton gré ta fureur se déploie ;
Accablé sous tes coups, je goûte encor la joie.

POLÉMON.

D'un trouble trop pressant je me sens agiter.
La vérité, Seigneur, doit enfin éclater.
Je ne puis soutenir le poids de tant de gloire.

ŒDIPE.

De ces nouveaux discours, ô Ciel ! que dois-je croire ?
Mon Pere, oubliez-vous que je suis votre Fils ?

POLÉMON.

Seigneur, ces noms si doux ne me sont plus permis.
C'est des Rois ou des Dieux que le Ciel vous fit naître.
Je me croirois, Seigneur, un sacrilége, un traître,
Si, plus long-tems rebelle à mes secrets remords,
J'osois de votre erreur adopter les transports.

ŒDIPE.

Quoi ! ce n'est point de vous que je tiens la naissance ?
De mon destin du moins vous avez connoissance ?

POLÉMON.

Vous êtes un Enfant aux ours abandonné,
Et dès votre naissance à la mort condamné.
En dérobant vos jours à cet Arrêt sévere,
Je me trouvai pour vous des entrailles de Pere,
Et je sentis depuis, de momens en momens,
Par mes propres secours, croître mes sentimens.

On vous a cru mon Fils ; & je l'ai laissé croire :
Je pouvois bien alors m'en permettre la gloire :
J'élevois votre enfance ; & je croyois du moins,
Ce prix, tout grand qu'il est, bien acquis à mes soins.
Mais dans le rang auguste où je vous vois paroître,
Vous n'êtes plus mon Fils ; vous n'êtes que mon Maître.
En esclave soumis, traitez-moi désormais.
Ce seroit à mes yeux le plus noir des forfaits,
De vous laisser penser qu'une ame si divine
Du sang le plus abject tirât son origine.
Vos grands destins, un jour, vous seront révélés ;
Vous êtes né des Dieux à qui vous ressemblez.

ŒDIPE.

Vertueux Polémon, vous n'êtes point mon Pere ?
J'admire avec douleur un aveu si sincere.
N'importe. Trop de soins avec vous m'ont lié.
Je perds le nom de Fils ; j'en garde l'amitié.

JOCASTE.

Quels pensers effrayans viennent saisir mon ame !
Un Enfant exposé.... se pourroit-il....

ŒDIPE.

Madame,
Je vois sur votre front de nouvelles terreurs ;
Et vos yeux égarés se remplissent de pleurs.

JOCASTE.

Je ne veux point, Seigneur, dissimuler mon trouble ;
Plus j'y veux résister, plus je sens qu'il redouble ;
Laissez-nous un moment. Dans l'état où je suis,
Polémon peut lui seul soulager mes ennuis.
Souffrez....

ŒDIPE.

Quoi ! devant moi ne peut-il vous instruire ?

JOCASTE.

Non, Seigneur ; respectez ce que le Ciel m'inspire :
Jocaste a ses raisons pour vous le demander :
Si vous plaignez mes maux, daignez me l'accorder.

TRAGÉDIE.

SCENE IV.
ŒDIPE, JOCASTE, PHŒDIME, POLÉMON, DYMAS.

DYMAS.

AH! Seigneur, de ces lieux on assiége l'entrée.
Au dernier désespoir Thébe entiere est livrée.
Un Peuple de mourans, autour de ce Palais,
De votre obéissance accuse les délais.
Ils redemandent tous à vos soins tutelaires,
Les Peres, leurs Enfans; & les enfans, leurs Peres.
Les yeux sur ce Palais, & les bras vers les Cieux,
Ils réclament les noms & d'Œdipe & des Dieux.
Révolte étrange, hélas! qui n'a, pour toutes armes,
Que des cris languissans, des soupirs & des larmes.

ŒDIPE.

Que ces gémissemens coûtent à mon amour!
Je cours les assurer qu'avant la fin du jour,
Ils connoîtront qu'Œdipe est encore leur Pere.
  (A Jocaste.)
Et vous, de nos destins pénétrez le mystere.
Écoutez Polémon. A tout ce que je vois,
J'espere que le Ciel va parler par sa voix.

SCENE V.
JOCASTE, PHŒDIME, POLÉMON.
JOCASTE.

J'Exige, Polémon, que, sur ce qui me touche,
L'exacte vérité sorte de votre bouche.
Après le noble aveu qui vous est échappé,
L'espoir que j'en conçois, ne sera point trompé.
D'Œdipe abandonné vous sçavez l'aventure ;
Et des ours, dites-vous, il étoit la pâture,
Si vous n'aviez fléchi ses destins ennemis.
En quels lieux cet enfant vous fut-il donc remis ?

POLÉMON.
Aux pieds du Cythéron, contre toute espérance ;
D'une cruelle mort je sauvai son enfance.

JOCASTE.
Aux pieds du Cythéron ! juste Ciel ! en quel tems ?

POLÉMON.
De sept lustres, depuis j'ai vû croître mes ans.

JOCASTE.
Qu'entends-je ? A chaque mot, quelle horreur me pénètre !
Et fut ce le hazard qui vint vous le remettre ?
Étoit-il exposé, lorsque votre pitié....

POLÉMON.
Non ; c'est une autre main qui me l'a confié.

JOCASTE.
Grands Dieux ! puis-je suffire à l'effroi qui m'agite ?
Tracez-moi de ce fait une fidelle suite.

POLÉMON.
Chaque parole, hélas ! vous arrache des pleurs !
Je n'ose plus parler.

TRAGÉDIE.
JOCASTE.
Achevez, ou je meurs.
POLÉMON.
Je revenois de Delphe où, par l'ordre d'un Maître,
J'avois sur son destin consulté le Grand-Prêtre.
Triste, je repassois par le Mont Cythéron.
L'aurore à peine encor éclairoit l'horizon,
Une femme paroît (jugez de mes allarmes)
Exposant un Enfant tout baigné de ses larmes.
Ce barbare dessein épouvanta mon cœur :
Et cette femme mème en frémissoit d'horreur.
Je cours lui demander grace pour la victime.
Long-tems elle s'obstine à consommer son crime :
Mais quand elle eut appris que, loin de ces Etats,
Aux champs Thessaliens j'allois porter mes pas,
Elle permit enfin, sensible à ma priere,
Qu'à cet Enfant mon soin conservât la lumiere.
J'ai tenu lieu depuis à cet infortuné
De ses parens cruels qui l'ont abandonné.
JOCASTE.
Je ne me connois plus ; & tout mon sang se glace :
Faut-il m'assurer mieux du coup qui me menace ?
Osons tout éclaircir. Vous, Phædime, approchez.
(A Polémon.)
Que sur elle vos yeux demeurent attachés.
Voyez, examinez les traits de cette femme.
En avez-vous reçu cet Enfant ?
POLÉMON.
Oui, Madame.
Il faut vous l'avouer, je reconnois ses traits.
JOCASTE.
Vous la reconnoissez ! ô comble des forfaits !
(A Phædime.)
Perfide, en quel abîme as-tu jetté ta Reine !
PHÆDIME.
Oui, de tous vos malheurs je dois porter la peine :

C ij

ŒDIPE,

Mais j'ose encor, Madame, embrasser vos genoux.
Songez, en m'accablant de tout votre courroux,
Que d'un crime odieux je ne fus point capable,
Que la seule pitié m'a pu rendre coupable;
Je pensois qu'aux malheurs par le Ciel annoncés,
La distance des lieux vous déroboit assez.

JOCASTE.

Eh! pourquoi de sa mort m'apporter la nouvelle?

PHŒDIME.

Il falloit vous sauver une crainte éternelle.

JOCASTE.

Eh! bien, de ta pitié goûte l'affreux succès.
(A Polémon.)
Vous, allez; de mes maux dissimulez l'excès:
Vous seul, de ce secret vous avez connoissance;
Qu'il soit anéanti dans un profond silence.

SCENE VI.

JOCASTE, PHŒDIME.

JOCASTE.

Toi, fatale Furie, ôte-toi de mes yeux.
Épargne-moi l'horreur d'un aspect odieux.
Laisse-moi sans témoin subir la violence
Des maux que tu m'as faits, & qu'aigrit ta présence.

PHŒDIME.

Je ne vous quitte point. Ordonnez de mon sort;
Je ne demande plus de grace que la mort.

Fin du quatrième Acte.

ACTE V.

SCENE PREMIERE.

ŒDIPE, JOCASTE.

ŒDIPE.

O Ciel! en quel état vous trouvé-je, Madame!
Quel trouble Polémon a-t-il mis dans votre ame?
Vous l'entretenez seule; & trompant mon espoir,
Dans votre appartement vous rentrez, sans me voir:
Lorsque je vous y cherche avec impatience,
Soudain avec horreur vous fuyez ma présence;
Votre bouche est muette; & pleins d'un sombre effroi,
Vos regards égarés n'osent tomber sur moi.

JOCASTE.

Ah! Seigneur, laissez-moi me livrer à mon trouble.
Je le nierois en vain, votre aspect le redouble.
Jugez, par cet aveu, du désordre où je suis.

ŒDIPE.

Qu'entends-je? Ma présence irrite vos ennuis?
Quoi! je serois l'horreur de vos yeux? Moi, Madame?
Œdipe? Cet époux, l'objet de votre flamme?

C iij

JOCASTE.

Œdipe ! mon époux ! vous me faites frémir ;
Quoi donc ! en liberté ne pourrai-je gémir ?
Si pour les malheureux quelque pitié vous reste,
Laissez-moi respirer.

ŒDIPE.

O changement funeste !
Le voilà donc, hélas ! ce malheur que j'ai craint !
Votre amour pour Œdipe à jamais est éteint.

JOCASTE.

O trop fatal amour !

ŒDIPE.

Votre ame, à ma présence,
De la mort de Laïus respire la vengeance.
Que vous a-t-on pû dire ? Expliquez-vous enfin.
Pourquoi me traitez-vous comme un lâche assassin ?

JOCASTE.

Un lâche assassin ! non ; vous n'êtes point coupable :
Mais Jocaste, Seigneur, n'est pas moins misérable.

ŒDIPE.

Si je suis innocent, pourquoi donc, à ce point,
Votre haine pour moi....

JOCASTE.

Non, je ne vous hais point.

ŒDIPE.

Croirai-je...

JOCASTE.

Non, mon cœur ne vous hait point, vous dis-je.
Vous ne m'êtes, hélas ! que trop cher !

ŒDIPE.

O prodige !
Qui peut rien concevoir à cet égarement ?
Ce que vous prononcez, tout en vous le dément.
Il semble, à cette voix, à ce maintien farouche,
Que la haine & l'horreur sortent de votre bouche.

TRAGÉDIE.

Rappellez vos esprits. Songez à m'écouter.
Œdipe est devant vous.

JOCASTE.
Laissez-moi l'éviter.

ŒDIPE.
Non, non; n'esperez pas que je vous abandonne:
Votre trouble, le mien autrement en ordonne.
Vous avez des secrets que vous m'osez cacher;
Mais je suis résolu de vous les arracher.
C'est tenir trop long-tems mon ame suspenduë.
Parlez, ou dans l'instant je meurs à votre vuë.

JOCASTE.
Laissez-moi m'épargner de trop sensibles coups,
Et croyez-moi, Seigneur, c'est par amour pour vous;
(Dieux, pardonnez ce mot, du moins, à la nature:)
C'est par amour pour vous, que je vous en conjure.

ŒDIPE.
Inutiles efforts; je ne me rends à rien.
Ouvrez-moi votre cœur, pour soulager le mien;
C'est trop, c'est trop garder un barbare silence.

JOCASTE.
Vous sçavez de mon cœur l'inflexible constance;
Œdipe, c'en est fait, si de votre amitié
Je n'obtiens cet égard que me doit la pitié.
Fidelle à ce secret que ma douleur vous cache,
Je mourrai mille fois plutôt qu'on me l'arrache:
Mais si vous accordez cette grace à mes pleurs,
J'en atteste les Dieux, du parjure vengeurs,
La triste vérité remplira votre attente.

ŒDIPE.
Eh! bien, je l'attends donc.

SCÈNE II.
ŒDIPE.

Promesse menaçante !
De tout ce que j'entends, de tout ce que je vois,
Je ne recueille ici que l'horreur & l'effroi.
Thébains, vous périssez ; & de votre ruine
J'ignore si je suis la fatale origine :
Mais dans quelques terreurs que vous soyez plongés ;
Par les miennes, du moins, vous êtes bien vengés.
Hélas ! que n'ai-je pû vous immoler ma vie ?
D'un immortel honneur, ma mort seroit suivie.
A de plus grands efforts, connoissez mon amour,
Je fais bien plus pour vous, en supportant le jour:
Je respire ; & j'attends ce que le Ciel demande ;
Tout prêt, si sa rigueur en exige l'offrande,
De vous livrer mes Fils, d'en ordonner la mort,
Et d'expirer moi-même, après ce triste effort.

SCENE III.

ŒDIPE, ÉTÉOCLE.

ÉTÉOCLE.

Où sera notre asyle ? Où fuirai-je ? Ah ! mon Pere !

ŒDIPE.

Ciel ! de quel coup nouveau me frappe ta colere ?

ÉTÉOCLE.

Jocaste nous repousse en mortels ennemis.
Nous n'avons plus de Mere : elle n'a plus de Fils.
Comme elle, pénétrés de ses vives allarmes,
Nous tombions à ses pieds, tout baignés de nos larmes.
Par nos embrassemens sa douleur s'aigrissoit.
Nous sentions qu'en nos bras tout son corps frémissoit.
Elle nous a priés par le doux nom de Mere,
(Il semble qu'à regret sa bouche le profére,)
De la laisser au moins respirer un moment.
Nous avons respecté ce dur commandement.
Mais, des bras de ses Fils à peine délivrée,
Elle arme avec fureur sa main désespérée,
Et nous a menacés, le poignard à la main,
Si nous ne la laissions, de s'en percer le sein.
Phœdime est auprès d'elle ; &, dans un trouble extrême,
Semble à ce désespoir applaudir elle même.
Nous ne lui pouvions plus donner d'autres secours ;
Et nous sommes sortis pour conserver ses jours.

ŒDIPE.

Allons ; c'est trop souffrir qu'en proie à sa furie...

SCENE IV.

ŒDIPE, ÉTÉOCLE, POLINICE.

POLINICE.

Il n'est plus tems, Seigneur, & Jocaste est sans vie.

ŒDIPE.

Jocaste ne vit plus !

POLINICE.

Par son ordre écarté ;
A sa porte, Seigneur, je m'étois arrêté.
Je n'ai plus entendu de soupirs ni de plaintes :
Mais ce silence même a redoublé mes craintes ;
Quand Phœdime soudain jette un cri douloureux.
Ce cri m'a fait rentrer. Ciel ! quel spectacle affreux !
La Reine défaillante & dans son sang noyée,
Sur moi jettant à peine une vue effrayée,
Tenez, m'a-t-elle dit, en ce dernier instant ;
Allez porter au Roi le secret qu'il attend.
Cet écrit tout sanglant dégage ma promesse :
J'emporte chez les morts l'horreur que je lui laisse.

ŒDIPE.
Il lit.

Sçachez ce qu'un Oracle autrefois me prédit.
J'eus un fils de Laïus à qui le Sort contraire
Réservoit le malheur d'assassiner son Pere,
Et l'horreur d'entrer dans mon lit.
En l'exposant dès sa naissance,
Je crus prévenir ces horreurs.
Phœdime à Polémon a remis son enfance :
Ce Fils vit encor ; & je meurs.

TRAGÉDIE.

Il respire ! & tu meurs ! ô Reine malheureuse !
Ces mots m'ont pénétré d'une lumiere affreuse.
Voilà donc les horreurs où j'étois entraîné !
Je suis, oui, je le suis, ce Fils abandonné.
Je suis fils de Jocaste ; & je connois mon crime.
Grands Dieux, ne tonnez plus ; prenez votre victime.
                                            (Il se frappe.

ÉTÉOCLE.
O comble des malheurs !

POLINICE.
                    O désespoir cruel !

ŒDIPE.
Princes, le Ciel est juste, & j'étois criminel.
Puisque j'ai pu des Dieux mépriser les menaces ;
J'en dois subir la peine : & je leur en rends graces.

ÉTÉOCLE.
O Ciel !

ŒDIPE.
            De mon exemple effrayés à jamais ;
Puissiez-vous éviter le moindre des forfaits ;
Trop instruits que le Ciel en mesure la peine
Aux malheurs qu'à sa suite un premier crime entraîne.

SCENE VI. & derniere.

ŒDIPE, ÉTÉOCLE, POLINICE, DYMAS.

DYMAS.

De nos malheurs enfin le cours est achevé,
Seigneur ; Thèbes respire, & le Peuple est sauvé ;
Portant dans tous les cœurs la joie & l'assurance,
Le Prêtre d'Apollon garantit sa clémence.

ŒDIPE, TRAGÉDIE.

Déjà de toutes parts... Mais que vois-je ?

ŒDIPE.

Poursui.

DYMAS.

Ah ! Seigneur, à quel prix vivons-nous aujourd'hui !
Que sert que de nos jours la trame se renoue ?

ŒDIPE.

Heureux fruit de ma mort ! justes Dieux, je vous loue ;
Mon sang vous a fléchis ; Thèbes ne souffre plus ;
Vous payez à la fois mon crime & mes vertus.

Fin du cinquième & dernier Acte.

LE MAGNIFIQUE.

LE MAGNIFIQUE,
COMÉDIE
EN DEUX ACTES,
AVEC UN DIVERTISSEMENT;

Repréfentée pour la premiere fois par les Comédiens François ordinaires du Roi le 11 Mai 1731.

NOUVELLE ÉDITION,

Augmentée de la Mufique, & conforme à la Repréfentation.

A

ACTEURS.

ALDOBRANDIN, *Tuteur de Lucelle.*

HORACE, *frere d'Aldobrandin.*

ZIMA, *Amant de Lucelle.*

LUCELLE, *Pupille d'Aldobrandin.*

LA GOUVERNANTE.

LE NOTAIRE.

UN LAQUAIS.

LE MAGNIFIQUE, COMÉDIE.

ACTE PREMIER.

SCENE PREMIERE.
ALDOBRANDIN, HORACE.

ALDOBRANDIN.

EH bien ! mon frere, vous venez de la voir, vous venez de l'entendre !

HORACE.

Eh bien ! mon frere, ce n'est pas la premiere fois.

ALDOBRANDIN.

Je suis sûr que vous la trouvez toujours plus charmante ?

HORACE.

Assurément.

ALDOBRANDIN.

La voilà dans un âge où un mari ne lui siéroit pas mal.

HORACE.

Vous avez raison.

ALDOBRANDIN.

Sa beauté est dans tout son éclat, rien n'y manque ; & je gage que vous n'en connoissez guéres de plus touchante ?

HORACE.

Il est vrai.

ALDOBRANDIN.

Vous voyez la bonté de son esprit, sa douceur, sa docilité pour tous ceux que je veux?

HORACE.

Il me semble que vous devez en être assez content.

ALDOBRANDIN.

Vous sçavez de plus, que je suis son Tuteur, & que la volonté de ses parens me laisse le maître de disposer de son sort ?

COMÉDIE.

HORACE.

Eh bien ! que concluez-vous ?

ALDOBRANDIN.

Que j'aurois grand tort de ne pas recueillir moi-même le fruit des soins que j'ai pris d'elle depuis son enfance, & que ce sera l'action d'un homme sage de l'épouser plutôt que plus tard.

HORACE.

Ce n'est pas tout-à-fait ce que je concluois, moi.

ALDOBRANDIN.

Pourquoi donc, s'il vous plaît ?

HORACE.

Seigneur Aldobrandin, vous n'êtes point jeune.

ALDOBRANDIN.

Je ne suis pas vieux.

HORACE.

Vous êtes avare.

ALDOBRANDIN.

Dites que je ne suis pas dissipateur.

HORACE.

Vous êtes jaloux.

ALDOBRANDIN.

J'en conviens.

HORACE.

D'où je conclus, Monsieur mon frere, que rien n'est plus imprudent que le dessein de ce mariage, & que vous vous préparez à des accidens dont personne ne vous plaindroit.

ALDOBRANDIN.

Vous n'y entendez rien, mon frere ; je n'ai plus qu'un reste de jeunesse, je n'ai point de tems à perdre. Je ne suis pas dissipateur : une personne élevée dans la simplicité & accoutumée à la retraite comme Lucelle, ne dérangera pas mon œconomie. Je suis jaloux : d'accord ; la jalousie sera mon repos & ma sûreté, & je prendrai de si bonnes mesures, que je défie tous les Muguets de Florence de me jouer le moindre petit tour.

HORACE.

Ne défiez pas tant, mon frere, ne défiez pas tant : un Jaloux est déjà plus d'à-demi trompé.

ALDOBRANDIN.

Oh! je ne donne point dans vos belles maximes : vous croyez, vous, que la grande précaution avec une femme, c'est la confiance ; que la plus grande garde, c'est la vertu. Je soutiens, moi, qu'il n'y en a point de plus mauvaise, & que la femme la plus sage est toujours celle à qui on ôte les moyens de faillir.

HORACE.

Oui, si on pouvoit les lui ôter tous; mais vous seriez le premier qui auriez trouvé ce secret.

ALDOBRANDIN.

Le premier, soit: comptez du moins que je n'y épargnerai rien. J'attends dès aujourd'hui de Boulogne une personne admirable pour veiller sur une jeune femme, & un de nos amis communs que j'avois chargé de cette recherche, m'assure que c'est un prodige dans ce genre, & qu'elle a déjà formé trois ou quatre Lucreces dans la ville, qui y ont mis la vertu à la mode.

HORACE.

Eh! mon frere, on trompe tous les jours ces Argus-là, & souvent ce sont eux les premiers qui nous trompent.

ALDOBRANDIN.

Nous y prendrons garde: de plus, je veux faire accommoder cette maison à ma fantaisie; & retrancher exactement toutes les vûes qu'elle a sur la Place, n'y laisser de fenêtres que sur le jardin, dont je ferai encore élever les murs le plus haut qu'il me sera possible; & c'est pour en être le maître que je veux acheter la maison. J'ai fait prier le Seigneur Zima, dont je la tiens, de vouloir bien passer ici, & j'espere conclure le marché tout-à-l'heure.

HORACE.

Le marché sera difficile. Je vous ai déjà dit que vous êtes avare.

ALDOBRANDIN.

A la bonne heure. Mais il est magnifique, lui; il n'y regardera pas de si près. Vous le dirai je ? C'est pour me débarrasser de lui-même, que j'achete sa maison. Il vient souvent ici sous divers prétextes pour épier l'occasion de parler à Lucelle; il n'en est pas encore venu à bout : d'ailleurs, il donne tous les jours des fêtes dans la Place, toutes les nuits des sérénades. Lucelle prend plaisir à tout cela, & il faut une bonne fois me délivrer de cette inquiétude.

HORACE.

Je crains que vous ne vous y preniez trop tard : ce ne sera pas un bon moyen de plaire à Lucelle, que de lui ôter cette petite récréation.

COMÉDIE.
ALDOBRANDIN.

Elle en aura d'autres, mon frere ; car enfin je l'épouse au premier jour : le parti en est pris, & le Contrat est déjà dressé chez mon Notaire.

HORACE.

Adieu donc, Seigneur Aldobrandin. Vous concluez ce mariage contre mon avis ; mais malgré vos Duegnes & vos barricades, vous ne tarderez gueres à vous en repentir.

ALDOBRANDIN.

C'est mon affaire.

HORACE.

Les amans sont bien ingénieux, mon frere.

ALDOBRANDIN.

Je les mets au pis.

HORACE.

Les jaloux son bien haïs, mon frere.

ALDOBRANDIN.

Les jaloux s'en moquent.

HORACE.

Je suis fâché de la petite disgrace qui vous menace.

ALDOBRANDIN.

Votre front ne paiera pas pour le mien.

A v

HORACE.
Tout Florence en rira de bon cœur.
ALDOBRANDIN.
Et vous, vous en riez d'avance ?
HORACE.
Je vous avoue que j'ai bien de la peine à m'en empêcher ; & (telle est l'étoile d'un jaloux :) tout votre frere que je suis, je crois que j'aiderois moi-même à vous tromper.
ALDOBRANDIN.
En vous remerciant, mon frere ; mais j'irai mon train malgré vos plaisanteries, & je retourne de ce pas à Lucelle pour lui annoncer l'honneur que je lui fais.

SCENE II.
HORACE, *seul.*

LE pauvre homme ! il va faire une sottise. Je sçais que Lucelle ne l'aime point. Elle va être malheureuse, & son pere m'a conjuré en mourant de veiller à son bonheur : que ne puis-je, pour elle & pour mon frere, empêcher ce ridicule mariage ? Je m'y tiendrois obligé en conscience.

SCENE III.
HORACE, ZIMA.
HORACE.

AH! vous voilà, Seigneur Zima? Mon frere va se rendre ici tout-à-l'heure : il a quelqu'affaire à traiter avec vous.

ZIMA.

Il est avec Lucelle ; n'est ce pas ?

HORACE.

Lucelle vous vient d'abord dans l'esprit : cela signifie quelque chose, Seigneur Zima.

ZIMA.

Cela signifie seulement qu'on est instruit de son attachement pour elle.

HORACE.

Cela ne signifieroit-il pas encore qu'on la trouve belle, & qu'on porte envie à la fortune d'un homme qui la voit à toute heure ? Vous me répondez plus que vous ne pensez, par votre peu d'attention à ce que je dis. Vous tournez les yeux de toutes parts, dans l'espérance de voir Lucelle.

ZIMA.
Je suis un peu distrait.
HORACE.
Eh ! que ne dites-vous amoureux ?
ZIMA.
Vous êtes bien pressant, Seigneur Horace.
HORACE.
Et vous, bien dissimulé : je gagerois volontiers mille pistoles contre votre beau cheval d'Espagne, que vous en voulez à Lucelle.
ZIMA.
Vous avez gagné, Seigneur Horace ; je vous enverrai le cheval, dès que je serai de retour chez moi.
HORACE.
Non pas, s'il vous plaît : j'avois trop beau jeu. Vous l'aimez donc enfin ? Et c'est bien fait ; mais vous en tiendrez-vous là ? Laisserez-vous la plus belle fille de Florence au pouvoir de l'homme qui la mérite le moins ? Fi ! cela seroit honteux. Vous vous étonnez que je vous parle ainsi ? Je suis frere d'Aldobrandin ; mais c'est pour cela que je m'intéresse à la sottise qu'il est prêt de faire. S'il épouse Lucelle, voilà deux malheureux : une jeune fille dans l'esclavage ! cela vous fait

pitié : mon pauvre frere dans un trouble éternel ! cela me touche. Allons, courage, Seigneur Zima, délivrez mon frere de ce danger, & assurez par un bon mariage votre bonheur & celui de Lucelle. Il vous en coûte un argent infini dans toutes vos fêtes, qui ne vont tout au plus qu'à être apperçues de Lucelle : vaudroit-il pas mieux l'employer à de bons stratagêmes pour la tirer des mains d'un jaloux ? Courage, vous dis-je ; rétablissez un peu l'honneur de la galanterie : il y a long-tems que nos amans n'ont fait parler d'eux à Florence.

ZIMA.

C'en est fait : je n'ai plus de défiance ; je vois que vous êtes un bon parent ; il faut répondre à vos intentions, & je vais vous ouvrir mon cœur : il y a six mois que pour la premiere fois j'apperçus Lucelle à sa fenêtre ; j'en fus frappé jusqu'au fond du cœur ; mais le farouche Aldobrandin étoit avec elle : il ne me laissa jouir qu'un moment d'une vûe dont il craignit sans doute l'impression qu'elle fit sur moi. Lucelle disparut & me laissa le plus amoureux de tous les hommes. Depuis ce commencement, je n'ai songé qu'à la revoir ; toutes mes fêtes n'ont d'autre objet que de l'engager à reparoître : je l'ai revûe quelquefois en effet, mais toujours avec ce maudit Aldobrandin qui ne levoit presque point les yeux de dessus elle. Si par hasard pourtant il regardoit un petit moment la fête, il me semble qu'alors Lucelle ne regardoit que moi : plaise à l'Amour, que je ne me trompe point ! mais, pour peu qu'elle m'ait vû, elle ne sçauroit douter que je ne l'adore. Je n'ai pû jusqu'ici l'assurer mieux de mon amour ; mais heureusement il vient de s'offrir une occasion favorable que j'ai cru ne pouvoir trop acheter : une femme arrivée de Boulogne a demandé à mon Valet votre demeure & celle d'Aldobrandin. De question en question, (car il est curieux,) il a appris qu'un ami l'adressoit à votre frere pour la mettre auprès de Lucelle comme une gouvernante incorruptible. Scapin m'a averti de sa découverte : avec bien des prieres & un diamant de dix mille écus, j'ai enfin résolu cette femme à n'entrer chez Aldobrandin que pour m'y servir. Elle m'attend chez moi.

HORACE.

Je vais la trouver, & je veux l'introduire moi-même : je prends l'aventure sur mon compte ; c'est un service que je dois à mon frere. Adieu, j'entends du bruit, c'est lui sans doute.

SCENE IV.
ZIMA, ALDOBRANDIN.
ALDOBRANDIN.

AH! Seigneur, je suis charmé de vous voir : je vous ai prié de vouloir bien passer ici ; j'ai un marché à faire avec vous, ou plutôt j'ai une grace à vous demander.

ZIMA.

Parlez, Seigneur : je suis trop heureux si je puis vous obliger.

ALDOBRANDIN.

Vous le pouvez ; & je compte beaucoup sur cette politesse magnifique que tout le monde vous connoît.

ZIMA.

De quoi s'agit-il ?

ALDOBRANDRIN.

Je voudrois acheter votre maison : j'ai dessein d'y faire mille accommodemens où vous ne consentiriez peut-être pas, & que je ne dois pas risquer sur le fonds d'autrui ; je suis prêt de vous en donner un prix raisonnable ; que m'en demandez-vous ?

ZIMA.

Écoutez, Seigneur Aldobrandin : c'est un bien de mes peres ; j'ai de la répugnance à m'en défaisir ; mais pour un ami que ne fait-on pas ? Cette acquisition vous tient-elle bien au cœur ?

ALDOBRANDIN.

On ne peut pas plus.

ZIMA.

Il faut donc sacrifier mes répugnances, & relâcher même beaucoup de mes intérêts. Vous ne sçauriez m'en donner moins de vingt-cinq mille écus.

ALDOBRANDIN.

Vous n'y songez pas, Seigneur : vous parlez d'obliger, & vous m'en demandez un prix exorbitant ! allons : quinze mille écus, & finissons.

ZIMA.

Vous vous moquez aussi ! ce seroit vous donner la maison, & vous croiriez l'avoir achetée ; encore vaudroit-il mieux que vous m'en eussiez toute l'obligation !

ALDOBRANDIN.

Non, s'il vous plaît : quinze mille écus : & je vous serai obligé tant qu'il vous plaira pour le reste.

COMÉDIE.

ZIMA.
Attendez, Seigneur Aldobrandin; il me passe une folie par la tête.

ALDOBRANDIN.
Quoi donc?

ZIMA.
Vous allez vous mocquer de moi. Mais à quoi sert le bien, qu'à satisfaire ses caprices?

ALDOBRANDIN.
Expliquez-vous.

ZIMA.
On dit que vous avez chez vous une personne admirable; que Lucelle est un prodige d'esprit & de beauté?

ALDOBRANDIN.
Eh bien! qu'a de commun ce prodige avec votre maison?

ZIMA.
Le voici : c'est que la maison est à vous ; si... je ris de ma fantaisie, si....

ALDOBRANDIN.
Si?...

ZIMA.
Si vous m'accordez un quart-d'heure d'entretien avec Lucelle; déterminez-vous. Il

ne s'agit plus de vingt-cinq mille écus, je n'abandonne plus ma maison qu'à ce prix.

ALDOBRANDIN.

En vérité, Seigneur Zima, la proposition est trop folle, si elle est sérieuse. Quoi donc! me croyez-vous homme à commettre mon honneur & celui de Lucelle? Non, non: vous me connoissez mal. Finissons, il n'y a plus rien entre nous.

ZIMA.

Vous vous épouvantez trop-tôt : j'imagine des conditions qui vont vous rassurer.

ALDOBRANDIN.

Voyons.

ZIMA.

Comme je ne veux point attaquer sa sagesse, je consens que vous soyez présent.

ALDOBRANDIN.

Cela change l'affaire.

ZIMA.

Vous vous placerez de façon qu'aucune de nos actions ne vous échappe; il me suffit que vous n'entendiez pas nos discours. C'est un caprice qu'il faut contenter : quoi qu'il m'en coûte, je veux faire ma cour aux Dames par ce trait de galanterie qui n'a point encor eu d'exemple, & qu'on sçache par-tout quel cas je fais de leur mérite, puisque j'achete si cher un quart-d'heure d'entretien avec une Belle.

ALDOBRANDIN.

Ma foi, Seigneur Zima, la rareté du fait me pique aussi. Il est juste que vos caprices vous coûtent, & peut-être l'aventure vous corrigera-t-elle. Passez dans mon cabinet, signez-moi une bonne cession de la maison. Je vais faire venir Lucelle; & la montre sur la table, vous viendrez l'entretenir tout votre quart-d'heure en ma présence. Songez bien que ce sont-là nos conditions précises; & de plus, j'exige votre parole de ne lui rien dire qu'une fille sage ne puisse entendre.

ZIMA.

Je vous le promets, sur mon honneur.

ALDOBRANDIN.

Allez donc.

SCENE V.

ALDOBRANDIN, *seul.*

La bonne dupe! il ne s'attend pas au tour que je vais lui jouer. Je lui tiendrai exactement parole; & il n'en sera pas plus content. Que les jeunes gens sont fous!

SCENE VI.
ALDOBRANDIN, LUCELLE.

ALDOBRANDIN.

Venez, Lucelle; vous sçavez mes desseins : je vais être votre époux au premier jour ; & les soumissions que vous avez toujours fait voir pour mes volontés, vont devenir pour vous un devoir encore plus indispensable.

LUCELLE.

Puisque c'est un devoir, vous y pouvez compter.

ALDOBRANDIN.

Voilà parler en fille raisonnable ; & je ne puis trop m'applaudir de mes soins : comptez aussi sur tout l'amour que mérite une docilité si touchante, & que je ne négligerai rien pour vous rendre heureuse.

LUCELLE.

Hélas ! que n'est-il aussi aisé d'être heureuse que d'être sage ?

ALDOBRANDIN.

Votre bonheur est en bonnes mains ; j'en

fais mon affaire. Voici à préfent ce que j'éxige de vous : il m'importe pour certain intérêt, que vous fçaurez, que le Seigneur Zima vous entretienne un quart-d'heure ; j'y ai confenti. Je ne fçais ce qu'il a à vous dire, je me fuis engagé à ne point l'entendre. Je ferai préfent, j'obferverai toutes vos actions, & je veux que, les yeux toujours attachés fur moi, vous le laiffiez parler tant qu'il lui plaira, fans lui répondre un feul mot.

LUCELLE.

Quoi ! pas un feul mot ?

ALDOBRANDIN.

Pas un feul ; il faut m'obéir à la lettre.

LUCELLE.

Voilà qui eft bien bizarre ! & que dira-t-il de moi ?

ALDOBRANDIN.

Que vous importe ? Ne vous fuffit-il pas de ce que j'en penfe ? Songez que déformais rien ne vous doit intéreffer dans le monde que mes fentimens.

LUCELLE.

Ma deftinée le veut ; il faut bien vous complaire.

ALDOBRANDIN.

Arrangeons un peu tout ceci : voilà votre place, & voilà la sienne ; & moi j'observerai d'ici. Les yeux sur moi, prenez-y garde.

SCENE VII.

ZIMA, LUCELLE, ALDOBRANDIN.

ZIMA.

Tenez, voilà la cession en bonne forme : lisez.

ALDOBRANDIN.

On ne peut pas mieux. Voici aussi Lucelle prête à vous écouter : regardez bien quelle heure il est à cette montre ; sept heures dix minutes, dix minutes ! la voilà sur la table, ne perdez rien de votre quart-d'heure.

ZIMA.

Les momens me sont précieux, charmante Lucelle ; mais heureusement tout vous a déjà dit que je vous adore, toutes mes fêtes ont été des déclarations assez éclatantes ; & il ne me reste à vous demander pour prix de mon amour, que, si vous avez daigné l'appercevoir, parlez, de grace, parlez, dites un mot.

Si cet amour vous offense, je me retire dans le moment : mais si vous l'avez vû avec quelque bonté, il n'est rien que je n'entreprenne pour mériter un plus grand bonheur.

ALDOBRANDIN.

Je ne me sens pas de joie.

ZIMA.

Vous ne me répondez rien ! quelle froideur ! que dis-je, quel mépris injurieux dans ce silence ! Ah ! vous n'êtes pas capable d'un dédain si grossier ; c'est sans doute un jaloux qui vous gêne, & qui m'envie jusqu'à la douceur de votre voix. Seigneur Aldobrandin.

ALDOBRANDIN.

Ne vous interrompez pas ; les momens s'écoulent bien vîte.

ZIMA.

Il est donc vrai qu'Aldobrandin vous défend de me répondre ? Je ne sçaurois croire que vous vouliez lui complaire à ce point par un véritable attachement pour lui : il en est indigne. Prefereriez-vous un Tyran qui n'imagine de plaisir que votre possession, sans s'embarrasser du bonheur de vous plaire, à un homme qui voudroit payer de mille vies le moindre de vos sentimens ?

ALDOBRANDIN.

J'ai toutes les peines du monde à m'empêcher d'éclater.

ZIMA.

Non, vous n'aimez point Aldobrandin ; vous lui obéissez malgré vous : mais sa précaution est inutile, & il ne tiendra qu'à vous de la rendre vaine.

ALDOBRANDIN.

J'ai déjà quatre minutes sur la maison.

ZIMA.

Je vais me parler pour vous, charmante Lucelle ; vous pourez désavouer d'un geste tout ce que j'oserai me dire. Je m'arrête au moindre signe. Mais trouvez bon que je prenne votre silence pour un aveu, & que je m'y conforme comme à un ordre inviolable.

ALDOBRANDIN.

Cela est trop plaisant !

ZIMA.

Oui, Zima,... (c'est vous qui me parlez, Madame :) j'ai vû votre amour, & je vous avoue même que j'en ai été touchée ; mais je dépends d'*Aldobrandin*, il est le maître de disposer de mon sort, & je ne veux pas m'abandonner à une inclination qui ne sçauroit être heureuse.

heureuse. Qui ne sçauroit être heureuse, dites-vous ? Quoi donc ! est-il impossible de vous tirer des mains d'un jaloux ? Consentez-y seulement, je romprai votre esclavage. Et si je vous mets en liberté de recevoir ma foi, & de m'engager la vôtre, vous refuserez-vous au plus amoureux & au plus fidele de tous les hommes ? *Non, Zima : mais je n'ose me flatter du succès ; & s'il manquoit, à quel état m'auriez-vous réduite ?* Ah ! que vous m'enflâmez encore par de pareils discours ! car enfin, c'est vous qui me parlez : ne craignez rien, il suffit d'éluder quelque temps les instances du jaloux ; differez seulement le mariage qui vous menace. C'est à moi de le prévenir, & je vous en réponds au péril de ma vie. Seigneur Aldobrandin ?

ALDOBRANDIN.

Qu'est-ce ? Vos affaires ne vont-elles pas bien ?

ZIMA.

Vous y avez mis bon ordre !

ALDOBRANDIN.

Ne vous découragez pas.

ZIMA.

Je vous avertis déjà, qu'il va arriver ici une femme qui a toute ma confiance, & à

B

qui vous pouvez donner la vôtre ; le frere d'Aldobrandin est lui-même de notre intelligence ; c'est à vous de seconder nos vues, puisque vous m'aimez ; (car vous ne m'en désavouez pas :) votre vertu même doit tout tenter pour n'être qu'à moi. *Soyez content, Zima, achevez.* Madame, j'attends vos ordres. *Soyez content, il ne m'est pas échappé le moindre geste de désaveu ; j'ai toujours eu les yeux sur mon jaloux, mais c'étoit pour le mieux surprendre. Achevez ce que vous avez commencé, & délivrez-moi dès aujourd'hui, s'il est possible, de l'horreur de le revoir.* J'y vais travailler de ce pas : je me rends, Seigneur Aldobrandin, la maison est à vous ; je ne la tiens pas trop bien gagnée, je la mets sur votre conscience.

ALDOBRANDIN.

Pourquoi vous pressez-vous tant ? Il vous reste encore cinq bonnes minutes.

ZIMA.

M'en restât-il vingt, que m'importe ? J'en ferois grand marché à qui les voudroit : eh ! qu'en faire auprès d'une statue dont on ne sçauroit tirer un mot ?

ALDOBRANDIN.

Elle est un peu silencieuse : mais vous, en

revanche, je crois que vous lui avez dit de jolies choses !

ZIMA.

Me voilà guéri pour jamais de l'entretien des Dames.

ALDOBRANDIN.

Vous réussirez mieux une autre fois.

ZIMA.

Adieu ; gardez la maison ; mais je vous avertis que j'y sçais un trésor que je n'ai pas prétendu mettre dans notre marché, & que je m'y réserve tous mes droits.

ALDOBRANDIN.

Bon ! un trésor ! belle chimere ! en tout cas nous verrons.

ZIMA.

Adieu, Madame ; jugez combien je suis charmé de votre conversation ; il n'y a pas un mot à perdre.

SCENE VIII.
ALDOBRANDIN, LUCELLE.
ALDOBRANDIN.

Le pauvre sot te croit sans doute une imbécille : je suis charmé de ta complaisance ; tu as joué ton rôle à merveille ; allons serrer la cession, & rire ensemble de sa duperie.

LUCELLE.

Je vous assure que j'en ris encore de meilleur cœur que vous.

Fin du premier Acte.

ACTE II.

SCENE PREMIERE.

LUCELLE, *seule.*

JE me dérobe un moment d'Aldobrandin, pour soupirer seule en liberté. Que je le hais depuis que Zima m'a parlé ! qu'allois-je faire ? Je me livrois à mon persécuteur. La passion de Zima m'a fait sentir tout mon péril. Amour, protege mon amant, & rends-le fidele : abrege les momens où je suis encore forcée de feindre ; je ne suis pas faite pour l'artifice ; & tout légitime qu'il est pour me tirer d'esclavage, je souffre même à tromper mon tyran. Plaise à l'Amour que ce soit le dernier malheur de ma vie.

SCENE II.
ALDOBRANDIN, LUCELLE.
ALDOBRANDIN.

Oui, ma chere Lucelle, je suis charmé de la joie que vous a donnée l'étourderie de Zima : vous en riez encore, & vous voyez par-là ce que c'est que les jeunes gens ! Il lui en coûte sa maison pour s'être fait moquer de lui ; & voilà comme ils sont tous faits ! rien ne leur coûte ; à la moindre fantaisie qui leur passe par la tête, tout est sacrifié au moment présent ; ils appellent cette dissipation, magnificence ; mais cela ne va pas loin, & une pauvre fille qui s'y laisse prendre, est souvent surprise de ne trouver qu'un mari ruiné dans l'amant magnifique.

LUCELLE.
Oh ! je vois bien qu'un jeune homme n'est point le fait d'une jeune fille.

ALDOBRANDIN.
Point du tout : ils ont tant de mauvaises qualités ! car ce n'est pas tout que leur dissipation : leur inconstance est encore pis : à peine sont-ils trois mois les maris de leurs

femmes ; après quelques mois de passion & quelques semaines de complaisance, un mépris marqué succede à leur empressement; ils se trouvent trop aimables pour se réduire à ne faire que le bonheur d'une seule épouse; ils courent de conquête en conquête, & ces petits Messieurs-là ne se croient de mérite qu'à proportion de leurs perfidies.

LUCELLE.

Bon Dieu! qu'ils sont haïssables!

ALDOBRANDIN.

Plus qu'on ne sçauroit croire : vous êtes trop heureuse, Lucelle, que, par le choix que je fais de vous, je vous mette à couvert de tous ces dangers ; vous méritiez un homme de ma prudence & de mon âge, qui veille sans relâche à votre fortune, & de qui la maturité vous répondît d'un attachement solide.

LUCELLE.

Quelle comparaison de votre conversation à celle de Zima !

ALDOBRANDIN.

Je crois qu'il t'a bien ennuyée ?

LUCELLE.

Aussi, je vous assure que je fais une grande

différence de vous à lui, & vous le verrez bien-tôt par ma conduite.

ALDOBRANDIN.

J'ai fait là une bonne éducation. J'entends quelqu'un : c'est Horace.

SCENE III.
ALDOBRANDIN, HORACE, LA GOUVERNANTE, LUCELLE.

HORACE.

Oui, mon frere, je vous amene la Gouvernante que notre ami commun vous envoie ; il me mande que c'est un trésor, & que vous pouvez entierement vous reposer sur sa vigilance & sur sa discrétion.

ALDOBRANDIN.

Elle a en effet l'air fort raisonnable ; sa physionomie respire la vertu. Vous rougissez ?

LA GOUVERNANTE.

C'est ma maniere ordinaire de répondre aux louanges, je n'ai pû encore m'en corriger. Voici, Seigneur, une Lettre du Seigneur Albert de Bologne ; je vous conseille de vous en fier plus à lui qu'à ma physionomie.

COMÉDIE.
ALDOBRANDIN.
[*Il lit.*]

Voyons :... » La personne que je vous » adresse est admirable pour sa vigilance & » ses bons conseils ; elle a fait ici la sûreté de » plusieurs maris ; je souhaite qu'elle fasse » aussi la vôtre. C'est la chose du monde la » plus rare qu'une Gouvernante incorrupti- » ble ; il y a bien des aventures qui ne don- » nent pas bonne opinion de leur fidélité ; » mais celle ci est le désespoir des amans ; » elle a gouverné trois ou quatre femmes qui » sont mortes au bout de quatre mois de ma- » riage. Pendant tout ce tems, il n'y a pas » eu le moindre soupçon sur leur vertu ; » quelques-uns disoient qu'elle les avoit fait » mourir de chagrin : mais, en tout, cas pour » un jaloux, il vaut encore mieux perdre sa » femme que d'en être la dupe. «

[*Après avoir lû.*]

Je connois son style, il fait le plaisant ; je crois pourtant qu'il a raison ; mais seroit-il vrai que vous eussiez fait mourir ces femmes de chagrin ?

LA GOUVERNANTE.
Hélas ! ces mauvais plaisans ont grand tort. Moi ! faire mourir de jeunes personnes que

l'on me confie ! moi, la douceur même ; moi qui compte pour rien de prêcher la vertu, si je ne la persuade ! que dis-je ? si je ne la fais pas aimer ! Le Ciel, de sa grace, m'en a accordé le talent : oui, je vous tourne si bien un jeune cœur, qu'en moins de rien j'y change le devoir en plaisir, & que j'ôte à tout ce qui est défendu, ce goût vif qu'on prétend que la défense lui donne : je ne le dis pas pour me vanter, mais il faut rendre graces au Ciel de ses dons.

ALDOBRANDIN.

Voilà vraiment de belles maximes ! je suis fort obligé au Seigneur Albert, & je ne sçaurois remettre en de meilleures mains ce que j'ai de plus cher au monde. Voilà la personne que j'épouse, & que je remets dès ce moment sous votre conduite.

LA GOUVERNANTE.

Quoi, Seigneur ! c'est-là votre future épouse ?

ALDOBRANDIN.

Oui : qu'en dites-vous ?

LA GOUVERNANTE.

Ce que j'en dis ? Que, sur son air, je me tiens presque inutile auprès d'elle, que mes conseils sont déjà dans le fond de son cœur,

COMÉDIE. 35

& qu'il s'est déjà dit ce que je pourrai lui dire.

ALDOBRANDIN.
Vous pensez bien d'elle, & elle le mérite.

LUCELLE.
Non, Madame : vous ne vous trompez pas ; je sçais & je sens tout ce que je devrai à un époux ; & celui qui veut être le mien, doit s'assurer que son amour seul sera plus sûr moi que tous les surveillans du monde.

ALDOBRANDIN.
Elle m'enchante !

HORACE.
J'en suis bien aise ; &, malgré l'avis dont j'étois tantôt, je commence à être très-content de tout ceci.

ALDOBRANDIN.
Je sçavois bien que j'avois raison.

LA GOUVERNANTE.
Non, Seigneur, il faut l'avouer : ce ne sont point les grilles ni les verroux, ni la vigilance des Gouvernantes qui font la sûreté d'un mari. Quand c'est tyrannie de sa part, une femme trouve bientôt moyen de s'en venger ; mais une femme sage doit les souhaiter pour sa propre gloire. On la soupçonne

B vj

aisément, quand elle a la facilité de faillir ; il faut qu'elle s'en ôte scrupuleusement toutes les occasions pour faire taire la médisance. Tenez, Mademoiselle, par exemple, est personne à vous conjurer au premier jour de prendre toutes les précautions de la jalousie, non pas pour votre tranquillité, mais pour la sienne.

ALDOBRANDIN.

Oh ! j'aurai là-dessus toutes les complaisances qu'elle voudra.

LA GOUVERNANTE.

Quelle douceur pour une femme vertueuse, de n'être point assiégée par ces galans de profession, qui outragent dès le premier abord par l'espérance qu'ils ont de nous séduire, qui se vantent indiscrettement de leurs succès, & qui, quand on les rebute, ont encore la perfidie d'en laisser douter ! Cela est indigne : quand il n'y auroit que l'ennui de leurs mauvais complimens, je fuirois au bout du monde pour les éviter. Je m'échauffe, je vous en demande pardon ; mais l'honneur des femmes est si précieux !

HORACE.

Mon frere, j'apperçois Zima dans votre antichambre.

COMÉDIE.
ALDOBRANDIN.

Que me veut-il ? Et pourquoi l'a-t-on laissé entrer ?

HORACE.

Bon ! un homme qui a toujours l'argent à la main, trouve-t-il des portes fermées ? Je gage qu'il épie le moment de parler à la Gouvernante. Il me vient une idée.

ALDOBRANDIN.

Quelle idée ?

HORACE.

N'est-il pas plaisant que je sois plus soupçonneux que vous ?

ALDOBRANDIN.

Comment ?

HORACE.

Cette femme tient à la vérité les plus beaux discours du monde ; mais après tout, ce sont des discours ; l'effet est peut-être bien différent. Voici une belle occasion de l'éprouver : feignez de rentrer, & laissez-la dans cette chambre ; Zima va l'aborder sans doute ; nous les observerons, & vous verrez par vous-même si elle est personne à se laisser séduire.

ALDOBRANDIN.

C'est bien avisé, mon frere.... Attendez ici un moment, je vous rejoins tout-à-l'heure.

HORACE, *bas.*

Songez à vous : on vous écoute.

LA GOUVERNANTE.

Ce n'est pas mon coup d'essai. Qu'il y a de plaisir à tromper un jaloux!

━━━━━━━━━━━━━━━━━━━━

SCENE IV.

ZIMA, LA GOUVERNANTE, HORACE, ALDOBRANDIN.

ZIMA.

Est-elle seule?

LA GOUVERNANTE.

Qu'est-ce? Un jeune homme ose entrer jusqu'ici! oh! oh! le bon ordre n'est pas encore dans cette maison : il faudra l'y mettre. Alte-là, Seigneur, que cherchez-vous? (*Bas.*) Prenez garde, on nous observe : faites semblant de me vouloir corrompre, vous allez voir un dragon de vertu.

COMÉDIE.

ZIMA.

Etes-vous de cette maison, ma bonne Dame?

LA GOUVERNANTE.

Oui, Monsieur : à qui en voulez-vous, vous dis-je ? avez-vous quelque chose à me dire ?

ZIMA, *bas*.

Oui, dans un moment.... Vous êtes nouvelle ici, ce me semble ?

LA GOUVERNANTE.

Je n'y suis que d'aujourd'hui ; mais vous, si l'on m'en veut croire, vous y venez pour la derniere fois.

ZIMA.

Pourquoi le prendre d'un ton si sauvage ?

LA GOUVERNANTE.

C'est que vous le prenez, vous, d'un ton trop doucereux : vous avez l'air d'un amant, & mon devoir est d'écarter tous ceux qui vous ressemblent.

ZIMA, *bas*.

J'ai gagné le Notaire.

LA GOUVERNANTE.

Bon.

ZIMA.

Je suis ravi de vous sçavoir auprès de Lucelle; vous me paroissez une personne fort raisonnable, & je crois que vous la serviriez volontiers si elle avoit quelque inclination honnête.

LA GOUVERNANTE.

Qu'appellez-vous quelque inclination honnête ? Ne sçavez-vous pas qu'elle épouse Aldobrandin, & qu'il n'y a plus rien d'honnête pour elle, que de l'aimer uniquement ?

ZIMA.

(*Bas.*) Avertis-la qu'elle peut signer aveuglément tout ce qu'on lui présentera; nous sommes d'accord... (*Haut.*) Mais elle ne l'a pas encore épousé; & peut-être qu'un jeune homme bien amoureux, bien riche, bien magnifique, seroit mieux le fait de Lucelle que son vieux Tuteur... (*Bas.*) Il faut résoudre Aldobrandin à conclure dès ce soir; ce sera le moment de notre bonheur.

LA GOUVERNANTE.

Parlez tout haut, Monsieur, parlez tout haut : ces *tout-bas* là marquent toujours de mauvaises intentions.

ZIMA.

Doucement, doucement, ma vénérable

Dame ; mille piſtoles, deux mille piſtoles ne vous ſeroient-elles pas trouver mes intentions meilleures?

LA GOUVERNANTE.

Comment ! mille piſtoles ! deux mille piſtoles ! ah ! c'eſt où je vous attendois. Vous voilà donc un amant déclaré : ſçachez que vous m'en donneriez cent mille, je ne vous ſervirois pas mieux que je fais : je ſçais pourquoi je ſuis entrée dans cette maiſon, & ce qu'on s'y promet de moi ; je ferai mon devoir, & j'en ſortirai à mon honneur, ſur ma parole.

ZIMA.

Vous êtes bien infléxible.

LA GOUVERNANTE.

C'eſt une choſe affreuſe que ces chercheurs d'aventures ! cela met le trouble dans une ville. Y a-t-il une perſonne aimable dans une maiſon ? La voilà le but de cent complots criminels : les pauvres maris ne ſçauroient dormir en repos, & la République n'y met pas ordre ! hélas !

ZIMA.

Tenez, toutes ces invectives-là ne vous enrichiront pas ; & je ſerois homme à le faire, moi, ſi vous le vouliez.

LE MAGNIFIQUE,
LA GOUVERNANTE.

M'enrichir, moi! m'enrichir! ah! peut-on outrager à ce point une personne de mon caractere! non, non; détrompez-vous: mes richesses, mon trésor, ma couronne, c'est la vertu des femmes que je gouverne, & le repos de ceux qui me les confient. Vous me connoissez: cherchez fortune ailleurs; gardez vos présens pour qui vous servira. Vous voyez comme je m'y prends pour vous seconder; comptez que je serai toujours la même.

ZIMA.

Il faut que je sois bien malheureux! qui a jamais vû Gouvernante refuser deux mille pistoles?

SCENE V.

ALDOBRANDIN, HORACE, LA GOUVERNANTE.

ALDOBRANDIN.

Non, je n'ai jamais senti plus de joye. Il faut avouer que vous êtes une femme merveilleuse!

LA GOUVERNANTE.

Quoi! vous m'écoutiez!

COMÉDIE. 43

ALDOBRANDIN.

Si je vous écoutois ? Avec ravissement ! je ne sçaurois m'en tenir, il faut que je vous embrasse.

LA GOUVERNANTE.

Dispensez-m'en, s'il vous plaît : la pudeur ne permet pas ces sortes de reconnoissances.

ALDOBRANDIN.

Vous vous moquez ; c'est pousser la pudeur trop loin.

LA GOUVERNANTE.

Oh ! dans cette matiere, le scrupule est d'obligation.

ALDOBRANDIN.

Ma foi, vous m'inspirez presqu'autant de respect que de confiance. Vous avez traité le Seigneur Zima de maniere que je ne pense pas qu'il y revienne.

LA GOUVERNANTE.

Je ne lui ai pourtant dit que des choses fort raisonnables, & tout cela en conscience, pour assurer à Lucelle un mari qui la rende heureuse, & la délivre d'un persécuteur qui n'en est pas digne.

ALDOBRANDIN.

Mon frere, ce zele n'est-il pas admirable ?

HORACE.

Vous êtes trop heureux ; je ne crains plus pour vous de disgrace conjugale ; je vois que tout concourt à vous en affranchir ; je n'espérois pas que les choses tournassent si heureusement.

LA GOUVERNANTE.

Et moi, malgré la confiance, je crains tout encore.

ALDOBRANDIN.

Comment ?

LA GOUVERNANTE.

Vous n'êtes point encore le mari de Lucelle, Zima le sçait ; il est homme à ne rien négliger pour vous l'enlever : de la façon dont il s'y prend, on vient à bout de tout. M'en croirez-vous ? Je lui ôterois au plutôt toute espérance. Quand vous proposez-vous d'épouser ?

ALDOBRANDIN.

Dans huit jours au plus tard, après l'arrangement de quelques affaires.

LA GOUVERNANTE.

Quoi donc ! En avez-vous de plus importantes que celle-ci ? Huit jours de délai ! vous m'effrayez ; Zima peut les mettre à profit, &

COMÉDIE.

il n'aura pas d'autres affaires, lui. Croyez-moi, vous dis-je, épousez dès ce soir; qu'on le sçache aussi par toute la ville; que Zima perde tout espoir : c'est le seul moyen d'arrêter toutes ses poursuites, & même d'éteindre son amour. On connoît les jeunes gens; ils n'aiment qu'autant qu'ils esperent.

ALDOBRANDIN.

Je me rends de bon cœur à un avis si sage; allez, mon frere, allez vous-même chercher le Notaire ; qu'il apporte le Contrat, nous le signerons tout-à-l'heure.

HORACE.

J'y vais.

SCENE VI.
ALDOBRANDIN, LUCELLE, LA GOUVERNANTE.

ALDOBRANDIN.

Lucelle?

LUCELLE.

Que vous plaît-il ?

ALDOBRANDIN.

J'avance, ma chere enfant, l'instant de

notre bonheur ; on eſt allé chercher le Notaire, & je vous épouſe dès ce ſoir.

LUCELLE.

Dès ce ſoir, Seigneur ! vous me ſurprenez; ne m'aviez-vous pas promis quelques jours pour me préparer à ce changement d'état ?

LA GOUVERNANTE.

Je vois que vous vous allarmez, Mademoiſelle, & c'eſt une bonne marque ; une fille bien élevée comme vous, ne paſſe pas à l'état de femme ſans émotion : il lui faut quelques jours pour y accoutumer ſa pudeur ; mais nous avons eu des raiſons de hâter l'affaire, & cela pour vous aſſurer l'époux que vous ſouhaitez.

LUCELLE.

Mais, quoi ! cela eſt-il ſi preſſé ?

LA GOUVERNANTE.

Oui. C'eſt moi-même qui ai conſeillé au Seigneur Aldobrandin de conclure dès ce ſoir ; il faut bien vous délivrer de la perſécution, & c'eſt pour votre vertu que l'on travaille.

LUCELLE.

Ce mot me ferme la bouche, & je conſens à tout.

COMÉDIE.

ALDOBRANDIN.

Va, mignonne, je reconnoîtrai bien cette complaisance ; que nous allons être heureux ensemble ! là, dis franchement, ne te sens-tu pas un peu d'amour pour moi ?

LUCELLE.

Ah ! c'est ce que je ne sçaurois vous dire ; cet amour n'est dû qu'à un époux, & un pareil aveu ne m'échappera qu'en donnant ma main.

ALDOBRANDIN, *à part.*

Quelle honêteté ! quelle bienséance !

SCENE VII.

ALDOBRANDIN, HORACE, LUCELLE, LA GOUVERNANTE, LE NOTAIRE, ZIMA, *en Clerc.*

HORACE.

Vous êtes servi à point nommé, mon frere ; voici le Notaire & son Clerc.

LE NOTAIRE.

Tenez, Seigneur Aldobrandin, le Contrat étoit tout prêt ; il est en bonne forme, vous pouvez le lire.

LA GOUVERNANTE.

Fort bien, fort bien.

LUCELLE.

Quelle étrange figure !

LA GOUVERNANTE.

C'est Zima.

LUCELLE.

Je tremble.

ALDOBRANDIN.

Cela est fort bien; nous n'avons qu'à signer.

LE NOTAIRE, *à un Laquais.*

Allons; approchez cette table... mettez-là votre nom, Seigneur.

ALDOBRANDIN.

Je n'ai jamais rien fait de si bon cœur.

LE NOTAIRE.

Et vous, Mademoiselle, mettez-y le vôtre; allons, point de timidité.

LA GOUVERNANTE.

Comptez que vous signez votre fortune.

LE NOTAIRE.

Signez aussi, mon Clerc : cela est d'usage ici ; voilà le premier Contrat qu'il signe, cela lui portera bonheur.

ALDOBRANDIN.

Et vous, mon frere, vous n'étiez pas tantôt d'avis de ce mariage ; vous signerez pourtant.

HORACE.

COMÉDIE.

HORACE.
Ah ! de grand cœur, & j'en augure bien.

LE NOTAIRE, *signant*.
Rien n'y manque plus.

ZIMA.
Il est donc temps de me découvrir.

ALDOBRANDIN.
Que vois-je ? c'est Zima !

ZIMA.
Oui, Seigneur Aldobrandin : je vous ai cedé ma maison, elle est bien employée ; mais voilà le trésor que je m'y réservois, & vous venez vous-même de le mettre en ma possession de la meilleure grace du monde.

ALDOBRANDIN.
Qu'entends-je ?

LUCELLE.
Pardonnez-moi mon artifice, j'y sentois de la répugnance ; mais il a bien fallu se résoudre à cette petite dissimulation pour pouvoir être sincere toute ma vie.

ALDOBRANDIN.
Ah ! perfide ! j'ai bien à faire de vos excuses ! mais quel est donc le Contrat que j'ai signé ?

C

LE NOTAIRE.

Voilà celui que vous avez lû, & je lui ai substitué celui-ci que vous avez signé comme Tuteur, Monsieur & Mademoiselle comme Epoux....

ALDOBRANDIN.

Comment, Monsieur le Notaire ! & qui a pû vous engager à me jouer ainsi ?

LE NOTAIRE.

C'est un avis de Parens : Monsieur votre frere m'en a prié pour l'amour de vous : d'ailleurs, Monsieur est si magnifique, que l'on ne sçauroit lui rien refuser.

ALDOBRANDIN.

Tout m'a donc trahi ?

HORACE.

Non, mon frere ; tout vous a servi ; & vous alliez faire une sottise : vous en êtes quitte, & vous avez encore une maison de reste.

LA GOUVERNANTE.

Que de maris voudroient se défaire de leurs femmes à pareil prix !

PIECES
DE
THÉÂTRE
DE M. DE LA MOTHE,
DE L'ACADÉMIE FRANÇOISE.

A PARIS;
Chez DUCHESNE, Libraire, rue S. Jacques,
au-dessous de la Fontaine S. Benoît,
au Temple du Goût.

M. DCC. LXV.
Avec Approbation & Privilége du Roi.

COMÉDIE. 53

de plus préci- eux, Que de pou-

voir parer les Belles? Quel em-

ploi plus noble pour elles! Qu'ont-

elles de plus pré-ci- eux, Que de pou-

voir pa- rer - - les Bel- les?

C iij

LE MAGNIFIQUE,

VAUDEVILLE.

Qu'un Empire a d'autorité,
Quand notre penchant nous seconde !
Refrain.
Tel est celui de la Beauté : Les
Belles sont les Rois du Monde.

✻

Beaux yeux, dès que vous ordonnez,
Il faut qu'à vos loix tout réponde :
Les cœurs sont vos esclaves nés ;
Les Belles sont les Rois du Monde.

✻

COMÉDIE.

SCENE VIII. & derniere.

Les Acteurs précédens, UN LAQUAIS.

LE LAQUAIS.

Monsieur, il y a là des instrumens qui vous demandent.

ALDOBRANDIN, *lui donnant un soufflet.*

Tiens, benêt, voilà pour tes instrumens. Quoi ! des fêtes dans ma maison !

ZIMA.

Eh ! Seigneur Aldobrandin, trouvez bon qu'ils entrent ; j'aime mieux encore vous laisser la dot de Lucelle.

ALDOBRANDIN.

Ma foi, Seigneur Zima, le Notaire avoit raison ; on ne sçauroit vous refuser.

Pagination incorrecte — date incorrecte

NF Z 43-120-12

LE MAGNIFIQUE,

MARCHE DE PLUSIEURS NATIONS.

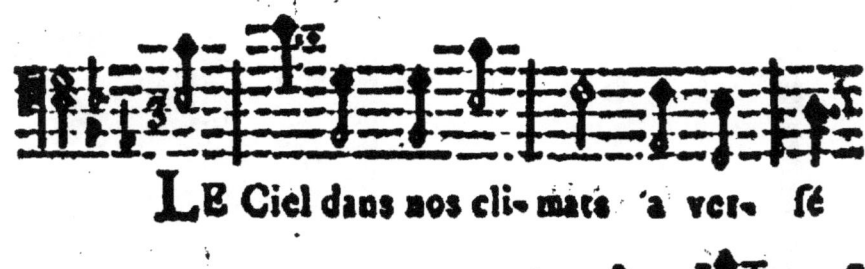
LE Ciel dans nos cli- mats a ver- sé

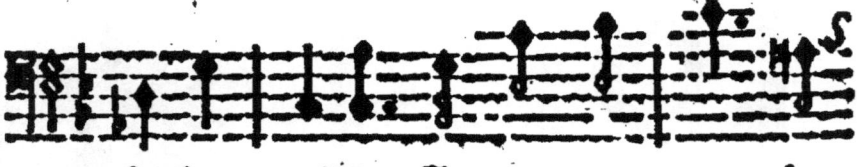
ses lar- gesses, Et nous ve- nons de-

nos ri- chesses Of- frir le tri- but

à vos yeux; Quel em- ploi plus

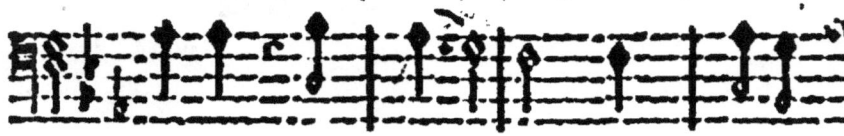
noble pour el- les! Qu'ont- elles

COMÉDIE. 57

gnez à l'a- mour le plus ten- dre Ma-

gni-fi- cence & li- ber- té; Joi- gnez

à l'a- mour le plus ten- dre Ma-

gni-fi- cen- ce & li- ber- té.

C v

LE MAGNIFIQUE,

AIR.

DAns une Tour d'ai-rain, Danaé sans A-

mant s'en-nuie : Ju-pi-ter dans son

sein Ver- - se une ri- che

pluie : Par un mé-tal di-vin Sou-

dain la Tour se bri-se : La Belle est

COMÉDIE.

Il n'est courage ni fierté
Qu'un regard charmant ne confonde :
Hercule même en fut dompté ;
Les Belles font les Rois du Monde.

✳

Vous pouvez avec un souris
Troubler la paix la plus profonde :
Le plus rebelle est bientôt pris ;
Les Belles font les Rois du Monde.

✳

Vos captifs aiment leur prison,
C'est en vain que la Raison gronde :
L'Amour fait taire la Raison ;
Les Belles font les Rois du Monde.

La maniere ajoûte au service ;
Il faut que les dons soient adroits :
Les présens même quelquefois
Offensent plus que l'avarice.
Donnez, amans, &c.

✖

Damon, pour enrichir sa Belle,
Ne va point offrir son argent :
Il sçait, pour cacher le présent,
Jouer de malheur avec elle.
Donnez, amans, &c.

✖

Prenez tous Zima pour modele,
Amans, & vous serez heureux :
A l'amant tendre & généreux
Est-il quelque Beauté rebelle ?
Donnez, amans, &c.

✖

Jusqu'à présent rien ne me touche ;
Mais tout nous vient avec le temps.

Laissez passer quatre printemps,
Mes yeux diront mieux que ma bouche:
Donnez, amans, &c.

✳

On soumet des amans bisarres;
On peut aimer d'aimables foux :
Mais que peut-on faire de vous,
Vilains jaloux, vilains avares ?
Donnez, amans; mais donnez bien :
Donner mal, c'est ne donner rien.

✳

Les grandeurs de toute la terre
A mes yeux s'offriroient en vain ;
Quand vous me donnez votre main,
Quel autre don pourroit me plaire ?
Mon cher ZIMA fait tout mon bien ;
Sans son cœur le reste n'est rien.

✳

Un cœur genereux & sensible
S'offense d'être mis à prix :

COMÉDIE.

prise, Et l'Entre- pri- se Est à sa fin.

VAUDEVILLE.

NE gê- nons ni Femmes, ni Filles; Les renfer- mer, c'est un a- bus: L'Amour assou- pit les Ar- gus; Il rompt les verroux & les grilles: Les mieux gar-

dés s'é-chappent bien ; Sans le cœur on n'eſt ſûr de rien.

✳

L'amant avare, ou tyrannique,
Verra rebuter ſes deſirs :
Mais ſi l'Amour a des plaiſirs,
Ils ſont pour l'amant magnifique.
Donnez, amans : mais donnez bien ;
Donner mal, c'eſt ne donner rien.

✳

Quoiqu'on goûte un bonheur extrême,
On ſent qu'il valoit plus encor :
L'amant ne connoit de tréſor
Que l'objet de ſon amour même ;
Donnez, amans, &c.

✳

faire vendre, débiter ni contrefaire lesdits Ouvrages, ni d'en faire aucun extrait, sous quelque prétexte que ce puisse être, sans la permission expresse & par écrit dudit Exposant, ou de ceux qui auront droit de lui, à peine de confiscation des Exemplaires contrefaits, de trois mille livres d'amende contre chacun des contrevenans, dont un tiers à Nous, un tiers à l'Hôtel-Dieu de Paris, & l'autre tiers audit Exposant ou à celui qui aura droit de lui, & de tous dépens, dommages & intérêts, à la charge que ces Présentes seront enregistrées tout au long sur le Registre de la Communauté des Imprimeurs & Libraires de Paris, dans trois mois de la date d'icelles, que l'impression desdits Ouvrages sera faite dans notre Royaume, & non ailleurs, en bon papier & beaux caracteres, conformément à la feuille imprimée, attachée pour modele sous le contrescel des Présentes; que l'Impétrant se conformera en tout aux Reglemens de la Librairie, & notamment à celui du 10 Avril 1725, & qu'avant de les exposer en vente, les Manuscrits qui auront servi de Copies à l'impression desdits Ouvrages, seront remis dans le même état où l'Approbation aura été donnée és mains de notre très-cher & féal Chevalier, Chancelier de France, le Sieur DE LAMOIGNON, & qu'il en sera ensuite remis deux Exemplaires de chacun, dans notre Bibliothéque publique, un dans celle de notre Château du Louvre, & un dans celle dudit Sieur DE LAMOIGNON, & un dans celle de notre très-cher & féal Chevalier, Vice-Chancelier de France, le Sieur DE MAUPEOU, le tout à peine de nullité des Présentes : du contenu desquelles vous mandons & enjoignons de faire jouir ledit Exposant & ses ayans causes, pleinement & paisiblement, sans souffrir qu'il leur soit fait aucun trouble ou empêchement. Voulons que la Copie des Présentes, qui sera imprimée tout au long au commencement ou à la fin desdits Ouvrages, soit tenue pour dûement signifiée, & qu'aux Copies collationnées par l'un de nos amés & féaux Conseillers Sécretaires, foi soit ajoûtée comme à l'Original. Commandons au premier notre Huissier ou Sergent sur ce requis, de faire pour l'exécution d'icelles tous Actes requis & nécessaires, sans demander autre permission, & nonobstant clameur de Haro, Charte Normande & Lettres à ce contraires : CAR TEL EST NOTRE PLAISIR. Donné à Paris le vingt-sixieme jour du mois de Septembre, l'an de grace mil sept cent soixante-quatre. Et de notre Regne le cinquantieme. Par le Roi en son Conseil. *Signé*, LE BEGUE.

Registré sur le Registre XVI. de la Chambre Royale & Syndicale des Libraires & Imprimeurs de Paris, N°. 285. fol. 171. conformément au reglement de 1723. A Paris ce 6 Octobre 1764.
LE BRETON, *Syndic.*

COMÉDIE.

Pour l'or il n'a que du mépris ;
L'Amour seul le rend accessible :
Ce Dieu peut tout, l'Intérêt rien
Sur un cœur fait comme le mien.

✤

Tout koe san fin noc papa jl jjſ
Chou sout y a faui kin kin,
Ou na pou pou chou mi bin bin
Hac, hic, hoc, kam, mou mou pa jjſ,
Ka ka fau y am ka ka hou,
Ka ka nim, ton ton ka ka chou.

FIN.

APPROBATION.

J'Ai lû par ordre de Monseigneur le Vice-Chancelier, *les Pieces de Théâtre de M. de la Mothe*, & je crois que l'on peut en permettre l'impression. A Paris ce premier Août 1764. MARIN.

PRIVILÉGE DU ROI.

LOUIS, par la grace de Dieu, Roi de France & de Navarre : à nos amés & féaux Conseillers les Gens tenans nos Cours de Parlement, Maîtres des Requêtes ordinaires de notre Hôtel, Grand-Conseil; Prévôt de Paris, Baillifs, Sénéchaux, leurs Lieutenans Civils & autres nos Justiciers qu'il appartiendra : Salut; notre amé Nicolas-Bonaventure DUCHESNE, Libraire à Paris, nous a fait exposer qu'il désireroit faire imprimer & donner au Public des Ouvrages qui ont pour titres : Théâtre de de Launay, de la Mothe, de Moissy, Choix des Pieces du Théâtre François & Italien, Oeuvres de Madame de Graffigny, Guide des Corps des Marchands & des Communautés ; S'il Nous plaisoit lui accorder nos Lettres de Privilége pour ce nécessaires. A CES CAUSES, voulant favorablement traiter l'Exposant, Nous lui avons permis & permettons par ces Présentes, de faire imprimer lesdits Ouvrages autant de fois que bon lui semblera, & de les vendre, faire vendre & débiter par tout notre Royaume, pendant le tems de dix années consécutives, à compter du jour de la date des Présentes ; faisons défenses à tous Imprimeurs & Libraires, & autres personnes de quelque qualité & & condition qu'elles soient, d'en introduire d'impression étrangere dans aucun   e notre obéissance; comme aussi d'imprimer ou faite   rimer, vendre,

TABLE DES PIECES

Contenues dans ce Volume.

LES MACHABÉES, *Tragédie.*

ROMULUS, *Tragédie.*

INÈS DE CASTRO, *Tragédie.*

ŒDIPE, *Tragédie.*

LE MAGNIFIQUE, *Comédie.*

www.ingramcontent.com/pod-product-compliance
Lightning Source LLC
Chambersburg PA
CBHW072016150426
43194CB00008B/1138